CB018859

Legislação de **Investimento Estrangeiro** nos **PALOP**

Legislação de Investimento Estrangeiro nos Palop

Capa de Ana Vilela
Na capa: *Vórtice,* pintura de António Ole
fotografada por Patrício Miguel

Depósito Legal n.º 191518/03

ISBN 972-44-1189-3

EDIÇÕES 70, LDA.
Rua Luciano Cordeiro, 123 - 2.º Esq.º – 1069-157 LISBOA / Portugal
Telef.: 213 190 240
Fax: 213 190 249
E-mail: edi.70@mail.telepac.pt

www.edicoes70.pt

Organização de
Agostinho
Pereira
de Miranda

Legislação de Investimento Estrangeiro nos PALOP

APRESENTAÇÃO

Si l'Afrique est pauvre de ce dont
nous sommes riches,
en revanche, elle est encore riche de ce dont
nous sommes pauvres.

Serge Latouche
L'autre Afrique

Uma onda de pessimismo varre o horizonte deste início de século. O quadro instável em que assentam a economia, a política e até a ética da sociedade pós-industrial foi profundamente abalado pelos eventos trágicos que se iniciaram a 11 de Setembro. Talvez por isso já não se oiça falar de afro-pessimismo. Afinal vivemos já em plena era de *globo-pessimismo.*

Certamente não terá sido por acaso que na sequência dos ataques terroristas em solo norte-americano a África – em particular a África Ocidental – adquiriu uma nova importância estratégica nos discursos das chancelarias ocidentais. Não é a primeira vez que isso acontece na história moderna da humanidade: quando os valores (e os interesses) do mundo ocidental estão em perigo, este lembra-se de África. E o continente negro – que muitos acreditam ter sido o berço da humanidade –, apesar de explorado, esquecido e até desprezado, nunca nos regateia a sua solidariedade.

A explicação para esse fenómeno está porventura nas reservas humanas daquelas que Lévi-Strauss chama as *sociedades quentes*, civilizações de base tradicional, generosas e afectivas, a que se oporiam as *sociedades frias*, cuja matriz, marcada pela evolução rápida, faz privilegiar a eficácia e a racionalidade.

E os sinais dessa *especificidade africana* estão por todo o lado. Em África ainda se encontram largos espaços onde persistem relações de serena harmonia entre o homem e o ambiente. Numa prova de criatividade e vitalidade surpreendentes, uma parte substancial dos seus 800 milhões de habitantes vai tecendo e alimentando o chamado *sector informal* da economia. No campo das relações familiares e de amizade, verifica-se uma estabilidade que, em geral, está ausente das sociedades tecnicamente mais avançadas. O poder arrebatador dos ritmos africanos e dos seus prolongamentos afro-americanos no Norte, nas Antilhas e no Sul, continua a inspirar a criação musical mundial.

No interesse de todos, importa que as relações entre os países *frios* e a África se orientem cada vez mais no sentido de uma verdadeira complementaridade a todos os níveis. E isso é ainda mais verdadeiro quando se trata das relações entre o pequeno país desenvolvido que é Portugal e os países africanos de expressão portuguesa. As relações privilegiadas existentes entre os nossos povos, nos planos económico, político e cultural, colocam-nos numa posição única para juntos combatermos os efeitos mais perversos da hipermundialização. Como afirmou Léopold Senghor, as mestiçagens biológicas conduzem ao diálogo das civilizações e à civilização do universal. Nunca como hoje o mundo precisou tanto desse diálogo civilizacional.

Um dos instrumentos disponíveis para estimular a caminhada comum dos povos de expressão portuguesa é a lei. A par da educação e da medicina, a justiça é um factor de modernização que nenhum Estado contemporâneo pode permitir-se descurar. No plano do trânsito internacional de capitais, *know-how* e mercadorias, as leis do investimento estrangeiro – que a futura lei angolana muito acertadamente chamará *investimento externo*, para poder abarcar os capitais de nacionais depositados no exterior do país – constituem a chave do relacionamento frutuoso entre o investidor externo, os parceiros locais e as autoridades nacionais.

APRESENTAÇÃO

Este livro, mera recolha das leis do investimento estrangeiro e dos benefícios fiscais vigentes nos PALOP, demonstra, pela necessidade que muitos lhe reconhecem, a importância do fenómeno jurídico para os intervenientes nas trocas comerciais que têm por destino os países daquela comunidade linguística. Trata-se, como é sabido, de leis escritas em português, sobre uma gramática jurídica romanística, e onde não raro aflora a influência de diplomas que estão ou estiveram em vigor em Portugal. Mercê da língua que partilhamos, estas leis têm sido factor gerador de uma cultura jurídica comum, potenciadora, por si só, de entendimento, riqueza e, no limite, da parcela de paz adstrita à responsabilidade dos juristas.

Agostinho Pereira de Miranda

Penedo, Janeiro 2003

Nota

O autor agradece a dedicada colaboração da Drª Filipa Santos Carvalho, sem cuja competência e labor esta colectânea não teria sido dada à estampa.

Acrescente-se que os textos aqui contidos respeitam a versão original de cada diploma, conforme foi publicada no respectivo jornal oficial, havendo sido corrigidas apenas as gralhas tipográficas mais evidentes. Optámos por não publicar os anexos a que se refere a Lei 13/92, de 15 de Outubro (São Tomé e Príncipe) e o Decreto Regulamentar 1/94, de 3 de Janeiro (Cabo Verde), que contêm os formulários de candidatura de projectos de investimento, em virtude da frequência com que são alterados.

ANGOLA

1

LEI DO INVESTIMENTO

Lei n.º 15/94, de 23 de Setembro

O investimento estrangeiro desempenha um papel extremamente importante para o desenvolvimento da economia do País.

Importa, pois, estabelecer para ele um regime legal que, sem descurar os interesses essenciais do Estado, seja suficientemente atractivo para os potenciais investidores, não só oferecendo-lhes garantias credíveis de segurança e estabilidade jurídica para os seus projectos, mas sobretudo regras e procedimentos claros, simples e céleres.

A esta luz, torna-se urgente reformular toda a legislação em vigor sobre o investimento estrangeiro, começando por aquela que contém o seu regime geral.

Nestes termos, ao abrigo da alínea b) do artigo 88.º da Lei Constitucional, a Assembleia Nacional aprova o seguinte:

CAPÍTULO I
Disposições Gerais

ARTIGO 1.º
(Âmbito)

A presente lei estabelece o regime e os procedimentos do investimento estrangeiro a efectuar na República de Angola.

ARTIGO 2.º
(Promoção do investimento estrangeiro)

O Governo deve promover e incentivar o investimento estrangeiro que se coadune com a prossecução do desenvolvimento económico e social do País e do bem-estar geral da população.

ARTIGO 3.º
(Admissibilidade do investimento estrangeiro)

1. É admitida a realização de investimentos estrangeiros, por parte de entidades de reconhecida idoneidade e capacidade técnica e financeira, desde que os mesmos não contrariem:
   a) as estratégias de desenvolvimento económico e social definidas pelos competentes órgãos de soberania;
   b) as orientações estratégicas e os objectivos estabelecidos nos programas de políticas económicas;
   c) a legislação em vigor.

2. É vedada a realização de investimentos estrangeiros nas seguintes áreas:
   a) defesa, ordem interna e segurança do Estado;
   b) actividade bancária no que se refere às funções do Banco Central e emissor;
   c) outras áreas consideradas por lei reserva absoluta do Estado.

ARTIGO 4.º
(Definições)

1. Para efeitos da presente lei, considera-se:

a) **Investimento Estrangeiro** – a introdução e utilização no território nacional de capitais, bens de equipamento e outros ou tecnologia, ou a utilização de fundos com direito ou passíveis de serem transferidos para o exterior, ao abrigo da Lei Cambial vigente, por pessoas singulares ou colectivas não residentes, que se destinem à criação de novas empresas, ou agrupamento de empresas, de sucursais, ou outra forma de representação social de empresas estrangeiras, bem como a aquisição da totalidade ou parte de empresas angolanas já existentes;
b) **Investidor Estrangeiro** – qualquer pessoa singular ou colectiva, não residente, independentemente da sua nacionalidade;
c) **Investidor Nacional** – qualquer pessoa singular ou colectiva residente, independentemente da sua nacionalidade;
d) **Órgão Competente** – o órgão referido no artigo 49.º da presente lei.

2. Considera-se igualmente investimento estrangeiro o efectuado nos termos da alínea a) do número anterior, por empresas angolanas ou estabelecidas em Angola que, por via de participação maioritária no seu capital ou por qualquer outro modo, devam considerar-se ligadas directa ou indirectamente a indivíduos ou entidades não residentes.

3. Para efeitos da presente lei, entende-se por «residente e não residente» as pessoas singulares ou colectivas como tal consideradas pela legislação actual.

ARTIGO 5.º
(Operações de investimento estrangeiro)

Nos termos e para os efeitos da presente lei, são operações de investimento estrangeiro os seguintes actos e contratos, ainda que não directamente associados a operações de importação de capitais:
a) criação e ampliação de sucursais ou de outras formas de representação social de empresas estrangeiras, ou de novas empresas exclusivamente pertencentes ao investidor e aquisição da totalidade ou parte de empresas ou de agrupamentos de empresas já existentes;

b) participação ou aquisição de participação no capital de empresas ou de agrupamentos de empresas, novas ou já existentes, qualquer que seja a forma de que se revista;
c) celebração e alteração de contratos de consórcios ou de associação de terceiros a partes ou quotas de capital;
d) tomada total ou parcial, de estabelecimentos comerciais e industriais, por aquisição de activos ou através de contratos de cessão de exploração;
e) tomada total ou parcial de empresas agrícolas, mediante contratos de arrendamento ou de quaisquer acordos que impliquem o exercício de posse e exploração por parte do investidor;
f) exploração de complexos imobiliários, turísticos ou não, seja qual for a natureza jurídica que assuma;
g) realização de prestações suplementares de capital, adiantamento de sócios e, em geral, os empréstimos ligados a participação nos lucros;
h) aquisição de bens imóveis situados em território nacional, quando essa aquisição se integre em projectos de investimento estrangeiro.

ARTIGO 6.º
(Formas de realização)

1. Os actos de investimento estrangeiro podem ser realizados, isolados ou cumulativamente, através das seguinte formas:
a) transferência de fundos do estrangeiro;
b) aplicação de disponibilidades em contas bancárias, em moeda externa, constituídas em Angola por não residentes;
c) importação de equipamentos, acessórios e materiais;
d) incorporação de créditos e outras disponibilidades do investidor estrangeiro em Angola, susceptíveis de serem transferidos para o exterior nos termos da legislação cambial;
e) incorporação de tecnologias.

2. As operações cambiais em que se traduzem os actos referidos no número anterior ficam sujeitas ao regime estabelecido na legislação cambial.

CAPÍTULO II
Direitos e Obrigações

ARTIGO 7.º
(Estatuto do investimento estrangeiro)

As empresas constituídas ao abrigo da presente lei têm, para todos os efeitos legais, o estatuto de empresas de direito angolano, sendo-lhes aplicável a lei angolana comum, no que não for regulado diferentemente pela presente lei ou por legislação específica.

ARTIGO 8.º
(Direitos e garantias)

1. Nos termos da Lei Constitucional e dos princípios que enformam a ordem jurídica, política e económica do País, o Estado angolano assegura um tratamento justo, não discriminatório e equitativo às empresas constituídas e aos bens importados ao abrigo da presente lei, garantido-lhes protecção e segurança e não dificultando, por qualquer forma a sua gestão, manutenção e exploração, sem prejuízo do exercício da fiscalização adequada.

2. Ao investidor estrangeiro são garantidos os direitos decorrentes da propriedade sobre os meios que investir, nomeadamente o direito de transferir para o exterior nos termos da legislação cambial:

a) os dividendos ou lucros distribuídos, com dedução das amortizações legais e dos impostos devidos, tendo em conta as respectivas participações no capital próprio da empresa;
b) o produto da liquidação dos seus investimentos, incluindo as mais-valias, depois de pagos os impostos devidos;
c) quaisquer importâncias que lhe sejam devidas, com dedução dos respectivos impostos, previstas em actos ou contratos que, nos termos desta lei, constituam investimentos estrangeiros.

3. No caso excepcional de os bens objecto de investimento estrangeiro serem expropriados ou nacionalizados, por motivos ponderosos de interesse público, o Estado assegura o pagamento

de uma indemnização justa, pronta e efectiva, cujo montante é determinado de acordo com as regras com recurso a arbitragem.

4. O Estado garante às empresas constituídas ao abrigo da presente lei respeito pelo sigilo profissional, bancário e comercial, no que se refere às actividades exercidas no âmbito dos projectos aprovados.

5. Os direitos e garantias concedidos aos investimentos estrangeiros nos termos da presente lei, são assegurados sem prejuízo de outros que resultem de acordos e convenções de que o Estado Angolano seja parte.

ARTIGO 9.º
(Obrigações)

Os investidores estrangeiros obrigam-se a:

a) respeitar as leis e regulamentos em vigor, bem como os compromissos contratuais e submeter-se ao controlo das autoridades competentes devendo prestar-lhes todas as informações solicitadas;
b) promover a formação de mão de obra nacional;
c) constituir fundos e reservas e fazer provisões nos termos da legislação em vigor;
d) aplicar o plano de contas e as regras de contabilidade estabelecidos no País;
e) respeitar as normas relativas à defesa do ambiente, à higiene, protecção e segurança dos trabalhadores contra doenças profissionais, acidentes de trabalho e outras eventualidades previstas na legislação sobre segurança social;
f) efectuar e manter actualizados seguros contra acidentes e doenças profissionais dos trabalhadores, bem como seguros de responsabilidade civil por danos a terceiros.

ARTIGO 10.º
(Regime fiscal)

1. As empresas abrangidas pela presente lei estão sujeitas ao

cumprimento da legislação fiscal em vigor, usufruindo dos mesmos benefícios fiscais estabelecidos para as empresas nacionais.

2. Os investimentos realizados sob o regime contratual, nos termos previstos na presente lei, usufruirão ainda dos benefícios fiscais especiais estabelecidos nos respectivos contratos.

ARTIGO 11.º
(Recurso ao crédito)

1. As empresas abrangidas pela presente lei podem recorrer ao crédito interno e externo, nos termos da legislação em vigor.

2. O recurso ao crédito externo deve ser objecto de licenciamento e autorização junto do Ministério das Finanças e do Banco Central. Porém o Banco Central fixa um montante a partir do qual o recurso ao crédito externo não pode ser feito sem a sua prévia autorização.

ARTIGO 12.º
(Contas bancárias)

As empresas abrangidas pela presente lei devem obrigatoriamente ter contas em moeda nacional e estrangeira em Bancos domiciliados no País, onde depositarão os respectivos meios monetários e através dos quais farão todas as operações de pagamento, internas e externas.

ARTIGO 13.º
(Força de trabalho)

1. As empresas abrangidas pela presente lei promovem o emprego de trabalhadores angolanos, garantindo-lhes a necessária formação profissional e condições sociais idênticas às dos trabalhadores estrangeiros que empreguem.

2. As empresas abrangidas pela presente lei que empregarem um grande número de trabalhadores angolanos incluindo os postos de chefia e de responsabilidade e assegurarem a formação

profissional e condições sociais idênticas às dos trabalhadores estrangeiros que empreguem, usufruirão de incentivos e benefícios fiscais.

3. As empresas abrangidas pela presente lei podem admitir trabalhadores estrangeiros qualificados, devendo contudo cumprir o respectivo plano de formação de técnicos nacionais e de preenchimento progressivo de lugares com trabalhadores angolanos.

4. Os trabalhadores estrangeiros contratados nos termos do número anterior, estão sujeitos à legislação em vigor na República de Angola.

ARTIGO 14.º
(Execução de projectos)

1. A execução do projecto de investimento deve ter início dentro do prazo fixado na respectiva autorização.

2. Em casos devidamente fundamentados e mediante pedido do investidor estrangeiro, pode o prazo referido no número anterior ser prorrogado pelo órgão competente.

3. A execução e gestão do projecto de investimento estrangeiro deve ser efectuada em estrita conformidade com as condições de autorização e a legislação aplicável, não podendo as contribuições provenientes do estrangeiro ser aplicadas de forma ou para finalidades diversas daquelas para que hajam sido autorizadas, nem a empresa desviar-se do objecto que tiver sido autorizado.

4. O alargamento do objecto da empresa a áreas de actividade não constantes de autorização depende da prévia autorização do órgão competente.

ARTIGO 15.º
(Acompanhamento)

Para facilitar o acompanhamento da realização dos investimentos estrangeiros autorizados, as empresas devem fornecer, anualmente, ao órgão competente, informações sobre o desenvolvimento e os resultados dos empreendimentos, preenchendo o questionário que para o efeito lhes é enviado pelo órgão competente.

ARTIGO 16.º
(Cessão da posição contratual)

A cessão total ou parcial da posição contratual ou social relativamente ao investimento estrangeiro só pode ser feita mediante autorização prévia do Ministro das Finanças, tendo sempre o investidor nacional, caso exista, o direito de preferência.

ARTIGO 17.º
(Dissolução e liquidação)

1. As entidades constituídas ao abrigo da presente lei dissolvem-se nos casos previstos no respectivo contrato ou título constitutivo e ainda:

a) pelo decurso do prazo fixado;

b) por deliberação dos sócios;

c) pela realização completa do objecto social ou pela sua impossibilidade superveniente;

d) pela não realização do capital indispensável ao funcionamento da empresa;

e) pela ilicitude superveniente do seu objecto social;

f) pela falência da sociedade;

g) por desvio manifesto na realização do objecto social da empresa;

h) em todos os restantes casos previstos na legislação comercial.

2. A dissolução e liquidação das empresas, constituídas com recursos ao investimento estrangeiro estão sujeitas à legislação comercial em vigor.

CAPÍTULO III
Procedimento do Investimento Estrangeiro

SECÇÃO I
Tipos de Regimes Processuais

ARTIGO 18.º
(Procedimentos do investimento estrangeiro)

O processamento dos investimentos estrangeiros pode ser efectuado sob os seguintes regimes:

a) regime de declaração prévia;
b) regime de aprovação prévia;
c) regime contratual.

ARTIGO 19.º
(Exclusão)

Não são consideradas operações de investimento estrangeiro as de valor inferior ao equivalente a duzentos e cinquenta mil dólares dos Estados Unidos da América, que ficam excluídas do âmbito da presente lei e sujeitas apenas à legislação cambial em vigor.

SECÇÃO II
Regime de declaração prévia

ARTIGO 20.º
(Âmbito)

Ficam sujeitos ao regime de declaração prévia os investimentos de valor compreendido entre o equivalente a duzentos e cinquenta mil e cinco milhões de dólares dos Estados Unidos da América.

ARTIGO 21.º
(Apresentação da proposta)

A proposta de investimento estrangeiro é apresentada ao órgão competente, acompanhada de documentos indispensáveis para identificação e caracterização jurídica do investidor e do investimento projectado.

ARTIGO 22.º
(Apreciação da proposta)

1. Após a recepção da proposta, o órgão competente dispõe de um período de quarenta e cinco dias para apreciar e decidir.

2. No decorrer deste período, o órgão competente, colherá o parecer do órgão que tutela a área de investimento.

ARTIGO 23.º
(Rejeição da proposta)

A rejeição da proposta, só pode fundamentar-se em motivos de ordem estritamente legal, devendo ser formalmente comunicada ao proponente pelo órgão competente.

ARTIGO 24.º
(Aceitação da proposta)

1. Não havendo rejeição expressa da proposta até ao termo do prazo referido no n.º 1 do artigo 22.º, considera-se que a mesma foi aceite, o que confere ao proponente o direito de realizar o investimento nos precisos termos da proposta apresentada.

2. Para o efeito, o órgão competente emitirá, no prazo de quinze dias, uma declaração certificando a aceitação da proposta, cuja cópia por si autenticada devolverá ao proponente.

SECÇÃO III
Regime de Aprovação Prévia

ARTIGO 25.º
(Âmbito)

Ficam sujeitos ao regime de aprovação prévia os investimentos de valor equivalente ao compreendido entre cinco e cinquenta milhões de dólares dos Estados Unidos da América.

ARTIGO 26.º
(Apresentação da proposta)

A proposta de investimento estrangeiro é apresentada ao órgão competente, acompanhada dos documentos necessários para identificação e caracterização jurídica, económica, financeira e técnica do investidor e do investimento projectado.

ARTIGO 27.º
(Apreciação da proposta)

1. Após a recepção da proposta, o órgão competente dispõe de um período de 90 dias para apreciar e para se pronunciar.

2. No decorrer deste período, o órgão competente procede à análise e avaliação da proposta, socorrendo-se do parecer da comissão de avaliação a que se refere a Resolução n.º 2/90, de 6 de Janeiro, do Conselho de Ministros.

ARTIGO 28.º
(Rejeição da proposta)

1. A rejeição da proposta compete:

a) ao Ministro do Planeamento e Coordenação Económica, para investimentos de valor equivalente ao compreendido entre cinco e quinze milhões de dólares dos Estados Unidos da América.

b) ao Primeiro-Ministro para investimentos de valor equivalente ao compreendido entre quinze e cinquenta milhões de dólares dos Estados Unidos da América.

2. A rejeição da proposta, que é formalmente comunicada ao proponente pelo órgão competente, só pode fundamentar-se em:

a) motivo de ordem legal;

b) indesejabilidade do investimento projectado à luz da estratégia de desenvolvimento definida pelos órgãos de soberania ou dos objectivos estabelecidos no plano de desenvolvimento económico e social.

ARTIGO 29.º
(Aprovação da proposta)

1. Não havendo rejeição expressa da proposta até ao termo do prazo referido no n.º 1 do artigo 27.º, a mesma é remetida, para decisão:

a) ao Primeiro-Ministro, no caso de investimentos de valor até ao equivalente a quinze milhões de dólares dos Estados Unidos da América;
b) ao Conselho de Ministros, no caso de investimentos de valor superior ao equivalente a quinze milhões de dólares dos Estados Unidos da América.

2. A aprovação reveste a forma de um decreto executivo, no caso da alínea a), e de uma resolução no caso da alínea b) do número anterior, publicados no *Diário da República.*

SECÇÃO IV
Regime Contratual

ARTIGO 30.º
(Âmbito)

Ficam sujeitas ao regime contratual as seguintes categorias de investimento:

a) investimentos de valor superior ao equivalente a cinquenta milhões de dólares norte-americanos;
b) independentemente do valor, investimentos que incidam sobre áreas de actividade económica cuja exploração e gestão só pode legalmente ser feita mediante concessão;
c) independentemente do valor, investimentos considerados de especial interesse para a economia nacional, pelo seu efeito estruturante ou pela sua contribuição para o desenvolvimento e internacionalização da economia nacional.

ARTIGO 31.º
(Caracterização do regime contratual)

1. O regime contratual de investimento estrangeiro caracteriza-se essencialmente por:

a) definição e quantificação dos objectivos a realizar pelo investidor estrangeiro no prazo contratual;
b) definição e quantificação dos benefícios fiscais e outros incentivos a conceder e a assegurar pelo Estado ao investidor estrangeiro, como contrapartida do exacto e pontual cumprimento dos objectivos fixados;
c) efectivo e sistemático acompanhamento, pelo Estado, das acções de realização do investimento durante o ano contratual.

2. O contrato de investimento tem natureza administrativa, tendo como partes o Estado, representado pelo Ministério do Planeamento e Coordenação Económica e o investidor estrangeiro.

3. Nos contratos de investimento é lícito convencionar-se que os diferentes litígios sobre a sua interpretação e a sua execução possam ser resolvidos por via arbitral.

4. Nos casos referidos no número anterior a arbitragem deve ser realizada em Angola e a lei aplicável ao contrato, a lei angolana.

ARTIGO 32.º
(Apresentação da proposta)

A proposta de investimento estrangeiro é apresentada ao órgão competente, acompanhada dos documentos necessários para a identificação e caracterização jurídica, económica, financeira e técnica do investidor e do investimento projectado.

ARTIGO 33.º
(Acesso ao regime)

Após a recepção da proposta, o órgão competente deverá decidir no prazo de dez dias, sobre a admissibilidade do regime contratual, decisão essa que é formalmente comunicada ao proponente.

ARTIGO 34.º
(Apreciação da proposta)

1. Após a decisão de admissibilidade referida no artigo anterior,

o órgão competente dispõe de um período de trinta dias para apreciar e pronunciar-se sobre a proposta.

2. No decorrer desse período o órgão competente procede à análise e avaliação da proposta, socorrendo-se do parecer da comissão de avaliação a que se refere a Resolução n.º 2/90, de 6 de Janeiro, do Conselho de Ministros.

ARTIGO 35.º
(Rejeição da proposta)

1. A rejeição da proposta compete:
a) ao Ministro do Planeamento e Coordenação Económica para investimentos de valor inferior ao equivalente a quinze milhões de dólares dos Estados Unidos da América;
b) ao Primeiro-Ministro nos restantes casos previstos no artigo 30.º da presente lei.

2. A rejeição da proposta que é comunicada formalmente ao proponente pelo órgão competente só pode fundamentar-se em:
a) motivos de ordem legal;
b) indesejabilidade do investimento projectado à luz da estratégia de desenvolvimento definida pelos órgãos de soberania ou dos objectivos estabelecidos no plano de desenvolvimento económico e social.

ARTIGO 36.º
(Negociações)

1. Não havendo rejeição expressa da proposta, a mesma é submetida à apreciação e decisão do Ministro do Planeamento e Coordenação Económica, para o efeito de:
a) nomeação de uma comissão de negociações;
b) definição de orientações e instruções com vista às negociações, incluindo a previsão da sua duração.

2. A decisão referida no número anterior deve ser proferida no prazo de quinze dias.

3. Sem prejuízo da especificidade de cada caso concreto, a comissão a que se refere a alínea a) do n.º 1 deste artigo é coordenada pelo órgão competente e integra representantes do Ministério das Finanças e dos órgãos de Tutela envolvidos no projecto.

ARTIGO 37.º
(Aprovação do contrato)

1. Concluídas as negociações, o projecto de contrato é remetido pelo órgão competente ao Ministro do Planeamento e Coordenação Económica que, por sua vez, o remeterá ao Conselho de Ministros para aprovação.

2. A aprovação pelo Conselho de Ministros reveste a forma de uma resolução, publicada no *Diário da República.*

3. O contrato é outorgado em documento particular, ficando o respectivo original arquivado nos serviços do órgão competente.

SECÇÃO V
Disposições Comuns aos Regimes Processuais

ARTIGO 38.º
(Correcção das propostas)

Se as propostas apresentadas o forem de forma deficiente ou insuficiente o órgão competente notifica o proponente, arbitrando--lhe um prazo para a sua correcção ou aperfeiçoamento.

ARTIGO 39.º
(Reclamação das decisões de rejeição)

Das decisões de rejeição proferidas pelos órgãos e entidades referidas e competentes nos termos dos artigos 23.º, 28.º, 33.º e 35 da presente lei, cabe reclamação para os órgãos hierarquicamente superiores, a interpôr no prazo de 30 dias.

ARTIGO 40.º
(Remessa ao Banco Central)

1. Após aprovação do projecto de investimento estrangeiro, nos termos das secções anteriores, o órgão competente remete ao Banco Nacional de Angola, no prazo de oito dias, os documentos que integram o projecto, para efeito de licenciamento das operações de capitais.

2. No caso de se ter observado o regime de declaração prévia, o licenciamento é requerido directamente pelo proponente junto do Banco Nacional de Angola, mediante apresentação da declaração referida no n.º 2 do artigo 24.º da presente lei.

ARTIGO 41.º
(Constituição e alteração de sociedades)

1. Se o projecto de investimento implicar a constituição ou alteração de sociedades, devem esses actos ser outorgados por escritura pública.

2. Nenhuma escritura pública, relativa a actos que constituam operações de investimento estrangeiro no sentido da presente lei, pode ser lavrada, sob pena de nulidade dos actos a que disser respeito, sem apresentação da licença emitida pelo Banco Nacional de Angola, ou fora do seu prazo de validade, e sem a aposição do visto do órgão competente dos instrumentos a outorgar.

ARTIGO 42.º
(Registo comercial)

1. As sociedades constituídas, bem como a alteração de sociedades existentes, ao abrigo da presente lei, estão sujeitas ao registo comercial, nos termos da legislação em vigor.

2. Estão igualmente sujeitas ao registo comercial as sucursais e outras formas de representação de empresas estrangeiras, ficando porém este registo condicionado à apresentação de licença emitida

pelo Banco Nacional de Angola e a aposição do visto do órgão competente nos instrumentos a registar.

ARTIGO 43.º
(Outros registos)

Após a liquidação das operações de capitais e, sendo caso disso, após a outorga das escrituras públicas e a efectivação dos registos comerciais, o investimento deve ser registado, no prazo de 120 dias, no órgão competente e no Instituto Nacional de Estatística.

ARTIGO 44.º
(Informação do Banco Central)

Trimestralmente, o Banco Nacional de Angola remete ao órgão competente informações sobre as operações cambiais realizadas no âmbito do investimento estrangeiro.

ARTIGO 45.º
(Concursos e ajustes directos)

No caso em que os projectos de investimento sejam precedidos de concurso, público ou limitado, ou de ajuste directo, aplicam-se os procedimentos estabelecidos na presente lei, com as adaptações que se mostrem necessárias ou convenientes.

CAPÍTULO IV
Infracções e Sanções

ARTIGO 46.º
(Infracções)

1. Sem prejuízo do disposto em outros diplomas, constitui transgressão o incumprimento doloso ou culposo das obrigações legais a que o investidor estrangeiro está sujeito.

2. Constitui transgressão, nomeadamente:

a) o uso das contribuições provenientes do exterior para finalidades diversas daquelas para que houverem sido autorizadas;
b) a prática de actos de comércio fora do âmbito do projecto autorizado;
c) a prática de facturação que permita a saída de capitais ou iluda as obrigações a que a empresa ou associação esteja sujeita, designadamente as de carácter fiscal;
d) a não execução das acções de formação ou a não substituição de trabalhadores estrangeiros por nacionais nas condições e prazos previstos na proposta de investimento.

ARTIGO 47.º
(Sanções)

1. Sem prejuízo de outras sanções especialmente previstas por lei, as transgressões referidas no artigo anterior são passíveis das seguintes sanções:
a) multa, que variará entre o equivalente a mil e cem mil dólares dos Estados Unidos da América, sendo o mínimo e o máximo elevados para o triplo em caso de reincidência;
b) perda de incentivos fiscais;
c) revogação da autorização do investimento.

2. A não execução dos projectos dentro dos prazos fixados na autorização ou na prorrogação é passível da sanção prevista na alínea c) do número anterior.

ARTIGO 48.º
(Decisão e recurso sobre sanções)

1. As sanções previstas no artigo anterior são aplicadas pelo Ministro do Planeamento e Coordenação Económica, nos casos das alíneas a) e b), e pelo Conselho de Ministros no caso da alínea c).

2. O investidor estrangeiro dever ser obrigatoriamente ouvido, antes da aplicação de qualquer medida sancionatória.

3. Na determinação da sanção a aplicar, devem ser tomadas em consideração todas as circunstâncias que rodearam a prática da

infracção, o grau de culpabilidade, os benefícios pretendidos e obtidos com a prática da infracção e os prejuízos dela resultantes.

4. O investidor estrangeiro pode reclamar ou recorrer da decisão sancionatória nos termos da legislação em vigor.

CAPÍTULO V
Disposições Finais e Transitórias

ARTIGO 49.º
(Órgão competente)

O órgão encarregue de assegurar a política nacional em matéria de investimentos estrangeiros, bem como de promover, coordenar, orientar e supervisionar os investimentos estrangeiros é o Gabinete de Investimento Estrangeiro, instituído pelo Decreto n.º 6/89, de 1 de Abril, sob tutela do Ministro do Planeamento e Coordenação Económica a quem compete nomear os respectivos responsáveis.([1])

ARTIGO 50.º
(Legislação especial)

1. Os investimentos estrangeiros nos domínios das actividades petrolíferas e diamantíferas e no domínio das instituições financeiras, regem-se por legislação especial.

2. Os investimentos previstos no n.º 1 deste artigo gozam de protecção e submetem-se às obrigações previstas na presente lei.

ARTIGO 51.º
(Projectos de investimentos anteriores)

1. A presente lei e a sua regulamentação não se aplicam aos investimentos autorizados antes da sua entrada em vigor, os quais

([1]) O decreto 12-C/96 de 3 de Junho, extingiu o Gabinete do Investimento Estrangeiro e criou o Instituto de Investimento Estrangeiro. Foram transferidas para este Instituto todas as competências legais anteriormente cometidas ao Gabinete do Investimento Estrangeiro.

continuam até ao respectivo termo, a ser regidos pelas disposições da legislação e dos termos ou contratos específicos através dos quais a autorização tiver sido concedida.

2. Contudo, os investidores estrangeiros poderão requerer ao órgão competente a submissão dos seus projectos já aprovados ao regime substantivo estabelecido pela presente lei, cabendo a decisão sobre este pedido ao Ministro do Planeamento e Coordenação Económica.

3. Os projectos de investimento pendentes à data da entrada em vigor da presente lei, serão analisados e decididos nos termos desta mesma lei, aproveitando-se com as necessárias adaptações os trâmites já praticados.

ARTIGO 52.º
(Revogação de legislação)

1. Fica revogada a Lei n.º 13/88, de 16 de Junho, bem como demais legislação que contrarie o disposto na presente lei.

2. No que não for contrário ao disposto na presente lei, e enquanto não for revista, continuará a aplicar-se a legislação regulamentar sobre investimentos estrangeiros.

ARTIGO 53.º
(Regulamentação)

A presente lei será regulamentada pelo Governo que no prazo de 90 dias deve rever e actualizar a legislação regulamentar em vigor, nomeadamente, o Decreto n.º 6/89, de 1 de Abril.

ARTIGO 54.º
(Dúvidas e omissões)

As dúvidas e omissões resultantes da interpretação e aplicação da presente lei serão resolvidas pela Assembleia Nacional.

ARTIGO 55.º
(Entrada em vigor)

Esta lei entra em vigor quinze dias após a sua publicação no *Diário da República.*

Vista e aprovada pela Assembleia Nacional.

Publique-se.

Luanda, aos 26 de Julho de 1994.

O Presidente da Assembleia Nacional, *Fernando José de França Dias Van-Dúnem.*

O Presidente da República, *JOSÉ EDUARDO DOS SANTOS.*

2

REGULAMENTAÇÃO DA LEI DO INVESTIMENTO

Decreto n.º 12/95, de 5 de Maio

Havendo necessidade de dar cumprimento ao disposto no artigo 53.º da Lei n.º 15/94, de 23 de Setembro;

Nos termos das disposições combinadas da alínea h) do artigo 110.º e do artigo 113.º, ambos da Lei Constitucional, o Governo decreta o seguinte:

Artigo 1.º - É aprovado o Regulamento da Lei do Investimento Estrangeiro, anexo ao presente decreto e do qual é parte integrante.

Artigo 2.º - As dúvidas e omissões que surgirem na interpretação e aplicação do Regulamento ora aprovado, serão resolvidas pelo Conselho de Ministros.

Artigo 3.º - É revogado o Decreto 1/90, de 8 de Janeiro.

Artigo 4.º - Este diploma entra imediatamente em vigor.

Visto e aprovado em Conselho de Ministros.

Publique-se.

Luanda, aos 28 de Abril de 1995.

O Primeiro-Ministro, *Marcolino José Carlos Moco.*

O Presidente da República, *JOSÉ EDUARDO DOS SANTOS.*

REGULAMENTO DA LEI DO INVESTIMENTO

CAPÍTULO I
Disposições Gerais

ARTIGO 1.º
(Âmbito)

O presente diploma regula a introdução no território nacional, de capitais, bens de equipamento e outros, tecnologia ou a utilização de fundos, com direito ou passíveis de serem transferidos para o exterior, com vista à realização de operações de investimento tipificadas no artigo 5.º da Lei n.º 15/94, de 23 de Setembro.

ARTIGO 2.º
(Expressões abreviadas)

No articulado do presente diploma, as expressões «G.I.E.» [1] e «dólares», entendem-se como referidas, respectivamente, a «Gabinete do Investimento Estrangeiro» e «dólares dos Estados Unidos da América».

ARTIGO 3.º
(Legislação aplicável)

O investimento estrangeiro rege-se pelas disposições da Lei n.º 15/94, de 23 de Setembro e respectiva regulamentação, pela legislação cambial e, no que não estiver especialmente previsto, pela legislação comercial e laboral em vigor.

ARTIGO 4.º
(Formas de realização)

1. As operações de investimento estrangeiro podem ser realizadas, isolada ou cumulativamente, através das seguintes formas:
a) transferência de fundos do estrangeiro;

---

[1] Apesar desta referência o «G. I. E.» aparece sempre por extenso.

b) aplicação de disponibilidades em contas bancárias em moeda externa, constituídas em Angola por não residentes;
c) importação de equipamentos, acessórios e materiais;
d) incorporação de créditos e outras disponibilidades do investidor estrangeiro em Angola, susceptíveis de serem transferidos para o exterior, nos termos da legislação cambial;
e) incorporação de tecnologias.

2. O Gabinete do Investimento Estrangeiro poderá exigir do investidor estrangeiro os meios de prova que julgar necessários à verificação do valor dos bens de equipamento ou tecnologias importados para a realização do investimento.

ARTIGO 5.º
(Limites mínimos do investimento)

Não são consideradas operações de investimento estrangeiro e como tal não gozam do estatuto e protecção próprio do investimento estrangeiro, as operações de investimento de valor inferior a duzentos e cinquenta mil dólares, as quais ficam apenas sujeitas à legislação cambial e comercial em vigor.

ARTIGO 6.º
(Escritórios de representação)

A criação e funcionamento de representações sociais de empresas estrangeiras, sob a forma de escritórios de representação continuarão a reger-se pelo disposto nos Decreto n.º 7/90, de 24 de Março e 37/92, de 7 de Agosto.

CAPÍTULO II
Promoção do Investimento Estrangeiro

ARTIGO 7.º
(Contribuição dos Organismos do Estado)

Os órgãos da administração do Estado devem fornecer regularmente ao Gabinete do Investimento Estrangeiro informações sobre as oportunidades de investimento existentes nos respectivos sectores de tutela.

ARTIGO 8.º
(Contribuição dos investidores nacionais)

Os investidores nacionais que pretendam associar-se a investidores estrangeiros, manifestarão essa intenção ao Gabinete do Investimento Estrangeiro e fornecerão toda a informação adequada de modo a possibilitar ao Gabinete a procura e identificação dos eventuais associados.

ARTIGO 9.º
(Informação sobre oportunidades de investimento)

Qualquer potencial investidor poderá solicitar e recolher junto do Gabinete do Investimento Estrangeiro, informações sobre as oportunidades de investimento existentes no País as quais deverão ser-lhe fornecidas gratuitamente.

CAPÍTULO III
Procedimentos

ARTIGO 10.º
(Concretização das operações de investimento)

As operações de investimento estrangeiro poderão concretizar-se através da adopção de um dos regime previstos nas secções seguintes.

SECÇÃO I
Regime de Declaração Prévia

ARTIGO 11.º
(Âmbito)

Estão sujeitos ao regime de declaração prévia os investimentos de valor compreendido entre o equivalente a duzentos e cinquenta mil e cinco milhões de dólares.

ARTIGO 12.º
(Proposta de Investimento)

1. A proposta de investimento será apresentada mediante o preenchimento do correspondente formulário impresso, disponível no Gabinete do Investimento Estrangeiro.

2. A proposta de investimento deverá fazer-se acompanhar dos seguintes documentos:

a) procuração mandatando perante o Gabinete do Investimento Estrangeiro o subscritor da proposta, quando esta não for firmada pelo próprio proponente;

b) cópia autenticada dos documentos legais de identificação e comprovativos da residência habitual do proponente, tratando-se de pessoas singulares;

c) cópia autenticada dos documentos legais relativos à constituição e registo comercial do proponente, tratando-se de pessoas colectivas;

d) no caso de constituição de sociedades:
- projecto de estatuto da sociedade constituenda;
- certidão de novidade da denominação social projectada, emitida pelo organismo competente, datada de há menos de um mês;
- se for caso disso, projecto do contrato ou contratos associativos;

e) no caso de aquisição de partes sociais de sociedades já existentes:
- cópia autenticada dos estatutos e registo comercial da sociedade participada;
- cópia autenticada da deliberação dos órgãos sociais competentes da sociedade participada, aprovando a participação;

f) no caso de operações consistentes em prestações suplementares de capital, adiantamentos e empréstimos de sócios: cópia autenticada da respectiva deliberação dos órgãos sociais competentes da sociedade;

g) no caso das operações referidas na alíneas c), d), e), f) e h), do artigo 5.º da Lei n.º 15/94, de 23 de Setembro: projecto do contrato ou contratos em causa, conforme os casos;
h) figurando no objecto do investimento imóveis: certidão do respectivo registo predial, emitida há menos de 3 meses;
i) existindo no projecto de investimento, incorporação ou cedência de tecnologia patenteada: cópia autenticada dos respectivos patenteamentos.

3. Havendo participação de investidores nacionais, deverão igualmente acompanhar a proposta cópias autenticadas dos documentos legais de identificação e residência habitual dos mesmos, tratando-se de pessoas singulares, ou cópia autenticada dos documentos legais relativos à constituição e registo comercial no caso de sociedades.

4. O conjunto da proposta e dos documentos que a acompanham, deverá ser apresentado em duplicado.

ARTIGO 13.º
(Apresentação da proposta)

1. Apresentada a proposta no Gabinete do Investimento Estrangeiro, este órgão emitirá obrigatoriamente e de imediato um recibo, devidamente datado e assinado por funcionário competente, certificando a recepção da proposta.

2. No caso de a proposta se mostrar deficiente ou insuficiente, o Gabinete do Investimento Estrangeiro deverá, no prazo de 5 dias, notificar por escrito o proponente, arbitrando-lhe um prazo adequado para a sua correcção ou aperfeiçoamento.

ARTIGO 14.º
(Apreciação da proposta)

No prazo de 5 dias após a recepção da proposta ou do prazo para correcção a que se refere o n.º 2 do artigo anterior, o Gabinete do Investimento Estrangeiro deverá enviar cópia da mesma ao órgão que tutela a área do investimento.

ARTIGO 15.º
(Rejeição da proposta)

1. O parecer do órgão de tutela e a decisão do Gabinete do Investimento Estrangeiro de rejeição da proposta só pode fundamentar-se em motivos de ordem estritamente legal, devendo esses motivos serem expressamente formulados.

2. A rejeição da proposta deverá ser comunicada por escrito pelo Gabinete do Investimento Estrangeiro ao proponente, indicando--se os fundamentos da mesma.

ARTIGO 16.º
(Certificação da aceitação da proposta)

1. Não havendo lugar à rejeição expressa da proposta o Gabinete do Investimento Estrangeiro emitirá, até 15 dias após o termo do prazo de 45 dias referido no n.º 1 do artigo 22.º da Lei 15/94, de 23 de Setembro, uma declaração a certificar a aceitação da proposta, a qual será entregue ao proponente, acompanhada de uma cópia integral da proposta, autenticada pelo Gabinete do Investimento Estrangeiro.

2. Os documentos referidos no número anterior habilitam o proponente a efectuar, junto dos Bancos para o efeito legalmente autorizados, as operações cambiais envolvidas no investimento e junto dos Notários e Conservatórias competentes os actos notariais e de registo requeridos.

SECÇÃO II
Regime de aprovação prévia

ARTIGO 17.º
(Âmbito)

Estão sujeitos ao regime de aprovação prévia, os investimentos de valor compreendido entre o equivalente a cinco e cinquenta milhões de dólares.

ARTIGO 18.º
(Proposta de Investimento)

1. A proposta de investimento será apresentada ao Gabinete do Investimento Estrangeiro, através de formulário próprio, acompanhada dos documentos necessários para a identificação e caracterização jurídica, económica, financeira e técnica do investidor e do investimento projectado.

2. Para além dos documentos referidos no n.º 2 do artigo 12.º do presente diploma, a proposta deverá ser acompanhada do estudo de viabilidade técnica, económica e financeira do investimento projectado.

3. O conjunto da proposta e dos documentos que a acompanham deverá ser apresentado em triplicado.

ARTIGO 19.º
(Apresentação da proposta)

1. Apresentada a proposta no Gabinete do Investimento Estrangeiro, este órgão emitirá obrigatoriamente e de imediato um recibo, devidamente datado e assinado por funcionário competente, certificando a recepção da proposta.

2. No caso de a proposta se mostrar deficiente ou insuficiente, o Gabinete do Investimento Estrangeiro deverá, no prazo de 5 dias, notificar por escrito o proponente, arbitrando-lhe um prazo adequado para a sua correcção ou aperfeiçoamento.

ARTIGO 20.º
(Apreciação da proposta)

1. A proposta de investimento é analisada e avaliada pelo Gabinete do Investimento Estrangeiro.

2. A avaliação terá por objecto a apreciação da viabilidade técnica, económica e financeira do projecto de investimento estran-

geiro e sua apreciação global ou parcial, tendo em conta a verificação cumulativa ou parcial, entre outros, dos seguintes aspectos:

a) aumento e diversificação das exportações;
b) substituição de importações;
c) produção de matérias-primas para a indústria e de bens e serviços necessários à economia nacional;
d) utilização de bens e serviços nacionais;
e) formação e utilização de trabalhadores nacionais;
f) localização do projecto;
g) benefícios induzidos;
h) saldo cambial.

3. O Gabinete do Investimento Estrangeiro deverá pronunciar-se sobre a proposta no prazo de 90 dias, remetendo-a subsequentemente às entidades referidas nos artigos 28.º e 29.º da Lei n.º 15/ /94, de 23 de Setembro, para efeitos de aprovação ou rejeição.

ARTIGO 21.º
(Prazo global para a decisão)

A aprovação ou rejeição deverá ocorrer dentro do prazo global de 120 dias, contados desde a apresentação da proposta no Gabinete do Investimento Estrangeiro.

SECÇÃO III
Regime contratual

ARTIGO 22.º
(Âmbito)

Estão sujeitas ao regime contratual as seguintes categorias de investimentos:

a) investimentos de valor superior ao equivalente a cinquenta milhões de dólares;
b) independentemente do valor, investimentos que incidam sobre áreas de actividade económica cuja exploração e gestão só possa ser legalmente feita mediante concessão;

c) independentemente do valor, investimentos considerados de especial interesse para a economia nacional, pelo seu efeito estruturante ou pela sua contribuição para o desenvolvimento e internacionalização da economia nacional.

ARTIGO 23.º
(Apresentação da proposta)

À apresentação da proposta é aplicável o disposto nos artigos 18.º e 19.º do presente diploma.

ARTIGO 24.º
(Admissibilidade do regime)

1. O regime contratual é obrigatório nos casos referidos nas alíneas a) e b) do artigo 22.º do presente diploma.

2. Nos casos contemplados na alínea c) do mesmo normativo, a decisão sobre a admissibilidade do regime deverá ter em especial consideração a verificação cumulativa dos seguintes aspectos:

a) a inserção do projecto em sectores onde o investimento estrangeiro seja considerado de maior interesse, pela sua contribuição para o desenvolvimento regional e para a modernização tecnológica;
b) a previsão de saldos cambiais positivos, de elevados valores acrescentados e de criação de empregos;
c) a significativa cobertura financeira do projecto por capitais próprios;
d) a adequada endogeneização de tecnologias e a qualidade de programas de formação de pessoal.

ARTIGO 25.º
(Apreciação da proposta)

Após a decisão sobre a admissibilidade do regime contratual, o Gabinete do Investimento Estrangeiro dispõe de um prazo de 30 dias para apreciar e pronunciar-se sobre a proposta, findos os quais deverá remetê-la às entidades referidas nos artigos 35.º e 36.º da

Lei n.º 15/94, de 23 de Setembro, para efeitos de rejeição, se for esse o caso, ou de início de negociações.

ARTIGO 26.º
(Negociações)

1. As negociações com os proponentes e, se for caso disso, com os investidores nacionais envolvidos no projecto são realizadas, por parte e em representação do Estado, por uma comissão de negociações, constituída nos termos do n.º 3 do artigo 36.º da Lei n.º 15/94, de 23 de Setembro.

2. A comissão de negociações poderá solicitar a intervenção, colaboração ou parecer das entidades públicas ou privadas directa ou indirectamente envolvidas ou interessadas no projecto objecto de negociações.

3. Deverão ser obrigatoriamente lavradas actas de todas as reuniões das negociações.

SECÇÃO IV
Disposições comuns aos regimes

ARTIGO 27.º
(Acompanhamento dos investimentos)

1. O Gabinete do Investimento Estrangeiro acompanhará a realização dos investimentos do ponto de vista económico, financeiro, jurídico e técnico solicitando para isso aos investidores e a quaisquer entidades públicas e privadas as informações necessárias.

2. As funções de acompanhamento do Gabinete do Investimento Estrangeiro não prejudicam as competências específicas dos órgãos do Estado e das autoridades monetárias e cambiais.

3. O Gabinete do Investimento Estrangeiro elaborará e fará publicar instruções técnicas sobre o acompanhamento da realização dos investimentos.

ARTIGO 28.º
(Informação do Banco Central)

1. O Banco Nacional de Angola deverá remeter trimestralmente ao Gabinete do Investimento Estrangeiro, através de modelo impresso por este concebido, as informações sobre as operações cambiais realizadas no âmbito do investimento estrangeiro.

ARTIGO 29.º
(Resolução de conflitos)

Os conflitos emergentes dos investimentos regulados pela Lei n.º 15/94, de 23 de Setembro, serão resolvidos, sem prejuízo do disposto nos n.ºs 3 e 4 do artigo 31.º da mesma lei, de acordo com a lei comum angolana.

ARTIGO 30.º
(Aspectos a considerar na resolução de conflitos)

Na apreciação judicial, arbitral ou administrativa de actos ou situações de não cumprimento das obrigações fixadas no âmbito do investimento estrangeiro, deverá atender-se fundamentalmente:

a) aos efeitos previsíveis da revogação da autorização do investimento em execução;
b) à possibilidade de reposição do justo equilíbrio das prestações, por alteração dos objectivos e ou dos incentivos ou do prazo do investimento;
c) ao efeito dissuasor e correctivo da aplicação das sanções legalmente previstas;
d) à existência de dolo ou de culpa dos infractores e respectiva gravidade.

ARTIGO 31.º
(Instrução dos processos)

1. A instrução dos processos que visem o conhecimento e decisão sobre as infracções previstas no artigo 46.º da Lei n.º 15/94,

de 23 de Setembro, é da responsabilidade do Gabinete do Investimento Estrangeiro.

2. Deve o Gabinete do Investimento Estrangeiro instaurar processo de averiguações quanto a actos ou situações de incumprimento das normas da Lei n.º 15/94, de 23 de Setembro e respectiva legislação complementar, com vista à determinação dos factos e das responsabilidades e a eventual aplicação de sanções.

3. No decorrer da instrução do processo de averiguações, o Gabinete do Investimento Estrangeiro poderá propor à entidade competente para a rejeição da proposta, a suspensão a título preventivo, de todos ou alguns dos efeitos dos actos ou situações sujeitos a averiguação.

CAPÍTULO IV
Direitos e obrigações

ARTIGO 32.º
(Princípio geral)

1. De conformidade com o n.º 1 do artigo 8.º da Lei n.º 15/94, de 23 de Setembro, o Estado angolano assegura um tratamento justo, não discriminatório e equitativo às empresas constituídas e aos bens importados ao abrigo da referida lei, garantindo-lhe protecção e segurança e não dificultando, por qualquer forma, a sua gestão, manutenção e exploração, sem prejuízo do exercício da fiscalização adequada.

2. As operações de investimento estrangeiro praticadas sem observância do disposto na Lei n.º 15/94, de 23 de Setembro e respectiva legislação complementar, não produzem quaisquer efeitos, designadamente de natureza cambial.

3. O cumprimento, pelo investidor estrangeiro, dos deveres estabelecidos na Lei n.º 15/94, de 23 de Setembro e respectiva legislação complementar, é requisito prévio para a prática das operações

cambiais integrantes da proposta aprovada, bem como para outorga das escrituras públicas e para a efectivação dos registos comerciais.

4. No investimento realizado sob regime contratual, a efectiva concessão de benefícios fica dependente do exacto e pontual cumprimento, pelos investidores, dos objectivos fixados.

ARTIGO 33.º
(Dividendos e lucros)

1. Realizado integralmente o capital da empresa, o Estado garante a transferência anual para o exterior do País dos dividendos e lucros, de acordo com os critérios de contabilidade geralmente aceites e consagrados no plano de contas empresarial e depois de deduzidas as reservas legais e estatutárias e liquidados os impostos devidos, tendo em conta a magnitude do investimento das entidades não residentes e qualquer limitação contratual existente a esse respeito.

2. O Ministério da Economia e Finanças, autorizará a transferência desde que as condições de autorização do investimento tenham sido respeitadas.

3. As transferências anuais de dividendos e lucros poderão excepcionalmente ser escalonadas no tempo, nas condições que vierem a ser regulamentadas pelo Ministro da Economia e Finanças, se pelo seu elevado montante forem susceptíveis de agravar sensivelmente as dificuldades da balança de pagamentos.

ARTIGO 34.º
(Exportação do produto da venda ou liquidação)

É garantida a exportação do produto da venda ou liquidação dos investimentos autorizados, incluindo as mais valias, nos termos que vierem a ser acordados e de acordo com o investimento realizado, depois de pagos os respectivos impostos e desde que tenham decorrido pelo menos seis anos sobre a data da importação inicial de capital.

ARTIGO 35.º
(Indemnização devida por expropriação ou nacionalização)

1. Nos termos da lei, a expropriação ou nacionalização dos bens ou direitos objecto de investimento estrangeiro só pode ocorrer, excepcionalmente, por motivos ponderosos de interesse público, sendo garantido ao investidor estrangeiro o direito a uma justa indemnização, cujo montante é determinado de acordo com as regras e práticas comuns do direito internacional, com recurso a arbitragem.

2. Para tal fim, será constituída uma Comissão Arbitral integrada por três elementos, sendo um representante do Governo angolano, outro representante do investidor estrangeiro e o terceiro escolhido pelos outros dois ou, na falta de acordo na escolha, por um magistrado angolano, de prestígio e idoneidade reconhecidos.

3. O disposto nos números anteriores não prejudica o recurso a instâncias internacionais, nos termos de convenções internacionais de que o Estado angolano seja parte.

CAPÍTULO V
Disposições finais e transitórias

ARTIGO 36.º
(Casos pendentes)

1. No prazo máximo de 90 dias após a entrada em vigor do presente diploma, deverá o Gabinete do Investimento Estrangeiro fazer a triagem de todos os processos pendentes.

2. Na sequência dessa operação, até aos primeiros 30 dias, o Gabinete do Investimento Estrangeiro devolverá aos proponentes as intenções ou propostas de investimento, cujo valor seja inferior ao correspondente a duzentos e cinquenta mil dólares.

3. Os proponentes cujos processos sejam susceptíveis do tratamento previsto no número anterior poderão, no prazo de 15 dias

após a entrada em vigor do presente diploma, manifestar por escrito ao Gabinete do Investimento Estrangeiro a sua intenção de aumentar o valor do investimento pretendido.

4. Os processos pendentes relativos a intenções ou propostas de investimento cujo valor esteja compreendido entre o correspondente a duzentos e cinquenta mil e cinco milhões de dólares, 45 dias após a entrada em vigor do presente diploma, considerar-se-ão tacitamente autorizados, pelo que os proponentes deverão contactar o Gabinete do Investimento Estrangeiro para o efeito previsto no n.º 2 do artigo 24.º da Lei 15/94, de 23 de Setembro.

5. Os processos pendentes relativos a intenções ou propostas de investimento cujo valor esteja compreendido entre o correspondente a cinco e cinquenta milhões de dólares, desde que não sejam subsumíveis na alínea c) do artigo 30.º da Lei n.º 15/94, de 23 de Setembro, seguirão a tramitação do regime de aprovação prévia.

6. Os processos pendentes relativos a intenções ou proposta de investimento cujo valor seja superior ou equivalente a cinquenta milhões de dólares, ou estando embora compreendido entre o correspondente a cinco e cinquenta milhões de dólares, sejam entretanto subsumíveis na alínea c) do artigo 30.º da Lei n.º 15/94, de 23 de Setembro, seguirão a tramitação do regime contratual.

7. Nos casos previstos no n.º 5 deste artigo, os proponentes poderão, no prazo de 30 dias, após a entrada em vigor do presente diploma, requerer o acesso ao regime contratual, se considerarem que esse regime é aplicável, nos termos legais, aos seus processos.

O Primeiro-Ministro, *Marcolino José Carlos Moco.*

O Presidente da República, *JOSÉ EDUARDO DOS SANTOS.*

3

INCENTIVOS FISCAIS

Decreto n.º 73/97, de 24 de Outubro

Tendo em conta que uma das prioridades da Política Económica do Governo é a recuperação e o relançamento do sector produtivo nacional.

Considerando que a situação de desactualização e falta de liquidez da maioria das empresas, a deterioração das infra-estruturas produtivas, a inexistência de um ambiente que estimule o investimento e o elevado nível de desemprego, entre outros factores, impõem que o Estado adopte medidas de apoio e incentivo à reabilitação, modernização e criação de novas empresas no sector produtivo nomeadamente de micro, pequena ou média dimensão.

Dado que um dos instrumentos para fomentar e estimular o investimento produtivo são os incentivos fiscais e financeiros, devidamente enquadrados por uma política macro-económica e nomeadamente por política monetária, cambial e de rendimentos coerentes e eficazes, das quais dependerá o seu sucesso.

Considerando a necessidade de concretizar na prática um sistema de incentivos fiscais e financeiros, de aplicação ágil e desburocratizada, ao investimento produtivo a realizar pelas empresas.

Nos termos das disposições combinadas da alínea h) do artigo 110.º e do artigo 113.º, ambos da Lei Constitucional, o Governo decreta o seguinte:

CAPÍTULO I
Disposições Gerais

ARTIGO 1.º

O presente diploma estabelece um sistema de incentivos fiscais e financeiros ao investimento produtivo a realizar pelas empresas.

ARTIGO 2.º

1. Para efeito do presente diploma consideram-se projectos de investimento produtivo aqueles que através da aplicação de recursos em capital fixo ou circulante visem elevar a produção em quantidade, qualidade ou a redução do seu custo, efectuada em unidades produtivas.

2. Só poderão concorrer aos incentivos previstos neste diploma, no domínio da aplicação de recursos em capital circulante, aqueles que se destinem à aquisição de matérias-primas subsidiárias ou outros produtos a utilizar directamente na produção de bens ou na aquisição de bens de origem nacional para a constituição de existências ou a um e outro fim simultaneamente.

3. Os projectos de investimentos na actividade produtiva, para efeito do presente diploma, classificam-se em:

a) projectos de micro dimensão quando o promotor seja, nos termos do artigo 9.º, considerado uma empresa de micro dimensão e o valor correspondente do investimento não seja superior ao equivalente a USD 50 000,00;
b) projectos de pequena dimensão quando o promotor seja, nos termos do artigo 9.º, considerado uma empresa de pequena dimensão e o valor correspondente do investimento não seja superior ao equivalente a USD 200 000,00;
c) projectos de média dimensão aqueles cujo valor sendo superior ao referido nas alíneas anteriores, não ultrapasse o equivalente a USD 500 000,00.

ARTIGO 3.º

São criados os seguintes regimes de incentivos:

a) regime geral de incentivos fiscais e financeiros;
b) regime simplificado de incentivos fiscais e financeiros.

CAPÍTULO II
Do Regime Geral de Incentivos Fiscais e Financeiros

ARTIGO 4.º

1. As empresas que se proponham beneficiar dos incentivos fiscais e financeiros, previstos nos artigos 6.º e 7.º do presente diploma, deverão ter cumulativamente os seguintes requisitos:
a) possuam ou demonstrem poder atingir, por efeito do investimento, uma situação de viabilidade económica e financeira;
b) disponham de contabilidade organizada e adequada às análises requeridas para apreciação e acompanhamento do projecto de investimento solicitado;
c) comprovem não serem devedoras ao Estado ou à Segurança Social de quaisquer impostos, contribuições ou de outras obrigações;
d) exerçam a sua actividade de forma regular e se encontrem constituídas nos termos da lei.

2. Para as empresas constituídas há menos de um ano serão exigidos apenas os requisitos constantes das alíneas a) e d) do número anterior.

ARTIGO 5.º

Os projectos de investimento serão apreciados de acordo com os seguintes critérios:
a) viabilidade económica;
b) prioridade sectorial;
c) prioridade regional.

ARTIGO 6.º

Os benefícios fiscais a conceder são os seguintes:
a) isenção de imposto de sisa pela aquisição de imóveis integra-

dos no projecto de investimento que se destinem exclusivamente à sua utilização;

b) redução a 50% da taxa do imposto industrial, até 5 anos, a partir do ano económico seguinte ao do início da fase de exploração do investimento efectuado;

c) isenção de direitos de importação de matérias-primas e equipamentos integrados exclusivamente no projecto de investimento;

d) aceleração para o dobro das amortizações e reintegrações relativamente aos bens do activo integrados no projecto de investimento, a partir do ano posterior ao da sua fase de exploração.

ARTIGO 7.º

1. Os incentivos financeiros a conceder são os seguintes:

a) bonificação da taxa de juro;

b) subsídio ao emprego;

c) subsídio à exploração;

d) subsídio à instalação ou à transferência.

2. A bonificação da taxa de juro será estabelecida anualmente pelo Ministro das Finanças, ouvido o Governador do Banco Nacional de Angola, no âmbito das linhas de crédito que serão disponíveis para fomento da actividade produtiva, em função de critérios de prioridade sectorial e regional dos projectos.

3. O subsídio ao emprego será estabelecido anualmente pelos Ministros das Finanças e da Administração Pública, Emprego e Segurança Social e concedido em função dos postos de trabalho permanentes a criar pelo projecto, durante os primeiros anos seguintes ao início da sua exploração.

4. Ao subsídio à exploração, cujas condições de acesso e concessão serão regulamentadas pelo Ministro das Finanças, poderão unicamente candidatar-se as empresas cujas actividades se destinem exclusivamente à exportação ou substituição de importações em que o valor acrescentado no País represente no mínimo 30% do valor global do produto final.

5. O subsídio à instalação ou à transferência de empresas visa apoiar a realização de obras de carácter infra-estrutural com a instalação inicial ou a sua transferência para pólos de desenvolvimento, em condições a definir em diploma regulamentar pelos Ministros do Planeamento e das Finanças, não devendo o seu montante ser superior a 30% do investimento total a realizar.

ARTIGO 8.º

Os incentivos financeiros previstos no artigo anterior serão atribuídos através do sistema bancário, por utilização de linhas de crédito disponíveis ou por vinculação dos recursos financeiros, especialmente afectos a esses fins através dos Fundos Autónomos.

CAPÍTULO III
Do Regime Simplificado de Incentivos Fiscais e Financeiros

ARTIGO 9.º

Poderão candidatar-se ao regime simplificado de incentivos fiscais e financeiros as empresas singulares e colectivas de pequena dimensão, que reunam cumulativamente os seguintes requisitos:

a) empreguem menos de 20 trabalhadores permanentes, no momento da apresentação do projecto;
b) cujos projectos de investimento a realizar na actividade produtiva sejam considerados de micro e pequena dimensão, de acordo com o estabelecido nas alíneas a) e b) e do n.º 2 do presente diploma;
c) demonstrem não ser devedoras de qualquer imposto ou contribuição ao Estado e à Segurança Social.

ARTIGO 10.º

1. Os incentivos fiscais a conceder são os seguintes:
a) dedução ao lucro tributável pelo imposto industrial do valor correspondente à importância do investimento em bens de equipamento novo;

b) isenção dos direitos de importação de matérias-primas e equipamentos integrados no projecto de investimento.

2. A dedução ao lucro tributável referida no número anterior deverá ser efectuada a partir do ano seguinte ao do início da exploração dos bens de equipamento, até ao fim do terceiro ano económico imediato.

ARTIGO 11.º

Os incentivos financeiros a conceder consistirão na bonificação da taxa de juros dos empréstimos para aplicação em capital fixo, em condições a definir pelo Ministro das Finanças.

ARTIGO 12.º

As empresas que optarem pelo regime simplificado de incentivos não poderão, durante o mesmo período, beneficiar de incentivos previsto no regime geral, sem prejuízo dos que se encontrem previstos em outros diplomas.

CAPÍTULO IV
Do Processo de Concessão dos Incentivos

ARTIGO 13.º

1. A concessão dos incentivos fiscais e financeiros é sempre precedida de requerimento das entidades promotoras do projecto de investimento dirigido ao Ministro das Finanças e será instruído com os documentos que por despacho o mesmo venha a definir.

2. O processo a que se refere o número anterior deverá dar entrada no Instituto Nacional de Apoio às Pequenas e Médias Empresas-INAPEM através das suas delegações provinciais ou regionais ou ainda junto de outras entidades que pelo Ministro das Finanças sejam designadas para o fazer.

3. Nos casos das províncias onde não existam representações do INAPEM, deverão os processos ser canalizados através dos respectivos Governos Provinciais ou em quem estes delegarem.

4. Para além do INAPEM, deverão prestar o apoio necessário aos promotores na elaboração dos respectivos projectos e prestação das informações necessárias os institutos sectoriais e os Fundos Autónomos respectivos.

ARTIGO 14.º

1. A apreciação dos processos de candidatura aos incentivos fiscais e financeiros deverá ser efectuada por uma comissão que funcionará no INAPEM, a quem cabe coordenar e que será constituída por despacho do Ministro das Finanças, devendo integrar um representante do Ministério do Planeamento, dos diferentes ministérios da área produtiva a designar pelos seus titulares, para além de representantes do Banco Nacional de Angola, das Direcções Nacionais dos Impostos e das Alfândegas e dos Fundos Autónomos respectivos.

2. A comissão poderá solicitar aos promotores dos projectos esclarecimentos complementares, os quais deverão ser apresentados até ao prazo de 15 dias, findos os quais na ausência de resposta se considera tal atitude como desistência, excepto quando tal não lhes possa ser imputável.

3. Os processos de candidatura no regime geral de incentivos deverão ser apreciados até ao prazo de 45 dias, a contar da data da sua recepção no INAPEM, que será registada e comunicada ao interessado.

4. Os processos integrados no regime simplificado deverão ser apreciados no prazo máximo de 30 dias, após a sua recepção no INAPEM, cuja data será registada e notificada ao interessado, depois do qual se deverá entender, na ausência de qualquer comunicação da comissão, como sendo obtido, de forma tácita, o parecer favorável da comissão.

5. Os processos só poderão ser aprovados, se os respectivos projectos forem considerados viáveis, pelo respectivo Banco Comercial.

6. No caso de necessidade comprovada de prestação de garantias por parte do Estado, de bonificações de juros ou de outros subsídios, o processo deverá ser remetido ao Fundo Autónomo vocacionado para a área de actividade do projecto para efeitos de análise e aprovação dos mesmos nos termos da regulamentação em vigor.

ARTIGO 15.º

1. Compete ao Ministro das Finanças ou a quem por ele tiver competência delegada, decidir dos pedidos de concessão de incentivos fiscais e financeiros num prazo não superior a 30 dias, depois de obtido o parecer da comissão e comprovada a viabilidade dos projectos.

2. Em caso de recusa ou indeferimento do pedido o despacho será sempre fundamentado, sob pena de nulidade do mesmo.

3. Os promotores dos projectos de investimento candidatos aos incentivos, serão notificados da decisão tomada através do INAPEM ou do Fundo Autónomo respectivo.

ARTIGO 16.º

1. A concessão de benefícios fiscais nos processos integrados no regime geral será objecto de contrato a celebrar entre o Estado, representado pelo INAPEM ou pelo Fundo Autónomo vocacionado para a área de actividade do projecto ou Banco Comercial respectivo e o promotor do projecto, devendo, entre outros, constar do mesmo os objectivos, metas a cumprir pelo promotor, benefícios e incentivos a conceder e as penalidades em caso de incumprimento.

2. O contrato referido no número anterior deverá prever a sua resolução unilateral pelo INAPEM ou pelo Fundo Autónomo ou Banco Comercial respectivo, caso se venham a verificar situações de incumprimento dos objectivos e obrigações fixados no contrato, a prestação de informações falsas sobre a sua situação ou a viciação

de dados contidos nos documentos de apresentação ou para acompanhamento do projecto, sem prejuízo de outras medidas previstas na lei.

3. A resolução do contrato implicará a perda dos benefícios fiscais e a obrigação do beneficiário em pagar as importâncias correspondentes às receitas fiscais para o efeito acrescidas de juros compensatórios, devidos nos casos de incumprimento da obrigação fiscal revista no Código Geral Tributário.

ARTIGO 17.º

1. Nos processos integrados no regime simplificado, o INAPEM comunicará o despacho do deferimento aos organismos intervenientes na sua aplicação.

2. Em caso de incumprimento das obrigações e objectivos por parte dos promotores do investimento, os organismos que o verificarem comunicarão ao INAPEM, bem como a proposta de suspensão ou caducidade dos benefícios fiscais, que deverá ser declarada por despacho do Ministro das Finanças.

ARTIGO 18.º

1. Compete em especial, ao INAPEM, aos Fundos Autónomos e aos Bancos Comerciais respectivos quando intervenham, acompanhar e fiscalizar a implementação dos projectos de investimentos que venham a beneficiar de incentivos fiscais e financeiros, previstos neste diploma sem prejuízo da actividade de fiscalização que deverá também ser exercida pelos organismos intervenientes na sua aplicação, que em caso de verificação de irregularidades ou incumprimentos deverão participar ao INAPEM.

2. O INAPEM deverá, no final do 1.º trimestre de cada ano, elaborar um relatório sobre a implementação dos projectos de investimento que tenham beneficiado de incentivos fiscais e financeiros, devendo submetê-lo à apreciação do Ministro das Finanças e ser levado ao conhecimento dos Ministros das áreas de tutela e respectivos Governadores Provinciais.

CAPÍTULO V
Disposições Finais e Transitórias

ARTIGO 19.º

A regulamentação necessária à aplicação do presente diploma será aprovada pelo Ministro das Finanças, salvo nos casos em que tal competência é expressamente atribuída a outra entidade.

ARTIGO 20.º

Em caso de concorrência entre incentivos previstos no presente diploma e incentivos da mesma natureza previstos noutros diplomas, serão concedidos os que forem mais favoráveis aos promotores do investimento.

ARTIGO 21.º

As dúvidas surgidas na interpretação e aplicação do presente diploma serão resolvidas pelos Ministros do Planeamento e das Finanças.

ARTIGO 22.º

São revogadas todas as disposições que contrariem o disposto no presente diploma, que entrará em vigor 30 dias após a sua publicação.

Visto e aprovado em Conselho de Ministros, em Luanda, aos 11 de Agosto de 1997.

O Primeiro-Ministro, *Fernando José de França Dias Van-Dúnem.*

Promulgado a 1 de Outubro de 1997.

Publique-se.

O Presidente da República, *JOSÉ EDUARDO DOS SANTOS.*

CABO VERDE

1
LEI DO INVESTIMENTO

Lei n.º 89/IV/93, de 13 de Dezembro

Por mandato do Povo a Assembleia Nacional decreta, nos termos da alínea b) do artigo 186.º da Constituição, o seguinte:

CAPÍTULO I
Disposições gerais

ARTIGO 1.º
(Objecto)

A presente lei estabelece as condições gerais da realização de investimentos externos em Cabo Verde, bem como os direitos, garantias e incentivos atribuídos no âmbito do investimento externo.

ARTIGO 2.º
(Âmbito de aplicação)

O presente diploma aplica-se aos investimentos externos directos realizados em qualquer sector de actividade económica e às situações jurídico-negociais que neste âmbito implicam o exercício da posse ou da exploração de empreendimentos de carácter económico.

ARTIGO 3.º
(Investimento externo)

1. Considera-se investimento externo toda a participação em actividades económicas realizadas nos termos da lei, com contribuições susceptíveis de avaliação pecuniária provenientes do exterior.

2. Para efeitos do disposto no n.º 1, são havidas como contribuições provenientes do exterior:
a) a moeda livremente convertível transferida directamente do exterior ou depositada em instituições financeiras legalmente estabelecidas, em conformidade com as normas legais e regulamentares em vigor;
b) os bens, serviços e direitos importados sem dispêndio de divisas para o país;
c) os lucros e dividendos produzidos por um investimento externo e reinvestidos, nos termos da lei, na mesma ou noutra actividade económica;

3. O investimento externo pode consistir no seguinte:
a) criação de uma nova empresa em Cabo Verde, em nome individual ou em sociedade;
b) criação de sucursais ou outra forma de representação de empresas legalmente constituídas no estrangeiro, nos termos e condições previstos na legislação caboverdiana aplicável;
c) aquisição de activos de empresas já existentes;
d) aquisição de partes sociais ou aumento de participação social em empresa já constituída em Cabo Verde;
e) contrato que implique o exercício da posse ou de exploração de empresas, estabelecimentos, complexos imobiliários e outras instalações ou equipamentos destinados ao exercício de actividades económicas;
f) cessão de bens de equipamento em regime de "leasing" ou regimes equiparados, bem como em qualquer outro regime que implique a manutenção dos bens na propriedade do investidor ligado à entidade receptora por acto ou contrato no âmbito das alíneas anteriores;
g) empréstimos ou prestações suplementares de capital realizados directamente por investidor externo às empresas em que participe, bem como quaisquer empréstimos ligados à participação nos lucros;

ARTIGO 4.º
(Investidor externo)

Considera-se investidor externo qualquer pessoa singular ou

colectiva, nacional ou estrangeira, que realize um investimento externo devidamente autorizado nos termos da lei.

ARTIGO 5.º
(Sujeição a autorização e registo)

1. São sujeitas a autorização prévia do Ministério responsável pela área do planeamento e a registo no Banco de Cabo Verde:

a) a realização das operações de investimento externo, tal como definidas no número 3 do artigo 3.º;

b) as revisões de contratos abrangidos no âmbito da alínea e) do número 3 do artigo 3.º, sempre que impliquem a entrada de novos investidores externos como partes contratantes ou a alteração de condições financeiras em moldes não previstos no contrato inicial.

2. São igualmente sujeitas a registo no Banco de Cabo Verde a alienação de empresas, sucursais, outras formas de representação, bem como todas as alterações de participações sociais ou de contratos que constituem investimento externo nos termos do artigo 3.º, número 3.

3. São dispensados da autorização prévia referida no número 1:

a) os aumentos de participação social de investidores externos em empresas, sucursais ou outras formas de representação empresarial nas quais já anteriormente detivessem participações;

b) as transacções de participações de empresas, sucursais ou outras formas de representação empresarial, quando realizadas entre investidores externos que já anteriormente detivessem participações nessas entidades;

c) as operações compreendidas no âmbito da alínea g) do número 3 do artigo 3.º.

4. Porém, as condições referentes a prazos e taxas de juro das operações referidas na alínea c) do número anterior, ficam sujeitas a prévia aprovação do Banco de Cabo Verde.

ARTIGO 6.º
(Legislação aplicável)

1. O investimento externo subordina-se à presente lei, seus regulamentos e demais diplomas legais vigentes na República de Cabo Verde.

2. As actividades económicas com participação de investimento externo subordinam-se à forma jurídica e aos regimes estabelecidos na lei vigente na República de Cabo Verde e aplicável aos respectivos sectores de actividade, designadamente no que se refere às condições de acesso e exercício e aos incentivos aplicáveis.

CAPÍTULO II
Das garantias

ARTIGO 7.º
(Não discriminação)

1. O Estado garante um tratamento justo e equitativo ao investidor externo e aos empreendimentos com participação de investimento externo.

2. Os investidores externos recebem, salvo o disposto no presente diploma, um tratamento idêntico ao dos restantes investidores, relativamente aos direitos e obrigações decorrentes da legislação caboverdiana.

3. Os investidores externos de nacionalidade não caboverdiana recebem todos o mesmo tratamento, sob reserva de disposições específicas contidas em tratados ou acordos firmados entre a República de Cabo Verde e outros Estados.

ARTIGO 8.º
(Segurança e protecção)

1. O Estado garante a segurança e protecção dos bens e direitos compreendidos no âmbito do investimento externo, os quais não podem ser nacionalizados ou expropriados.

2. Exceptua-se do disposto no número anterior a expropriação, com fundamento em utilidade pública, nos termos da lei, a qual confere sempre ao investidor externo direito a justa indemnização, baseada no valor real e actual do investimento à data da declaração de utilidade pública.

3. O montante da indemnização a que se refere o n.º 2 antecedente é fixado por comum acordo entre o Governo e o investidor ou, na falta de acordo, segundo os procedimentos de arbitragem estabelecidos no artigo 17.º.

4. A indemnização a que se refere o n.º 2 é livremente transferível para o estrangeiro e será paga, com prontidão e sem demoras injustificadas, na moeda livremente convertível que for acordada entre o Governo e o investidor externo, vencendo juros, à taxa LIBOR, a 30 dias aplicável à moeda em causa, desde o dia da sua fixação até ao dia do seu efectivo pagamento.

ARTIGO 9.º
(Sobre a transferência de divisas)

1. É garantida a todo o investidor externo a transferência para o exterior, em moeda livremente convertível e à taxa de câmbio em vigor em Cabo Verde à data do pedido de transferência de todos os montantes a que tenha legalmente direito em consequência de operações de investimento externo devidamente registadas nos termos do artigo 6.º, designadamente os seguintes:

a) dividendos e lucros que lhe sejam distribuídos em resultados dos investimentos externos que tenham efectuado;
b) capitais provenientes da alienação, liquidação ou extinção de empresas, sucursais ou outras formas de representação ou de participação empresariais que constituam seu investimento externo, bem como dos provenientes da alienação de activos ligados à exploração dessas entidades que sejam da propriedade do investidor;
c) quaisquer montantes que lhe sejam devidos em virtude de contratos que constituem investimento externo nos termos da alínea e) do número 3 do artigo 3.º;

d) prestações referentes a amortizações e juros de operações financeiras que constituem investimento externo nos termos da alínea f) e g) do número 3 do artigo 3.º;
e) rendimentos pessoais obtidos no exercício de funções de gestão ou administração no âmbito de actividades económicas em que participe como investidor externo.

2. Uma vez cumpridas as obrigações fiscais relativas aos capitais a transferir e efectuados os registos das operações do investimento externo, em conformidade com o disposto no artigo 5.º, as transferências a que se refere o n.º 1 anterior serão efectuadas com prontidão e sem demoras injustificadas, dentro do prazo máximo de 30 dias a contar da data da entrega ao Banco de Cabo Verde do respectivo pedido ou da recepção de informações complementares, em conformidade com o número 6 do presente artigo, devidamente justificado.

3. Exceptua-se do disposto no número anterior, as transferências a que se refere a alínea b) do número 1 do presente artigo, sempre que o seu montante seja susceptível de causar perturbações graves na balança de pagamentos, caso em que o Governador do Banco de Cabo Verde poderá determinar excepcionalmente o seu escalonamento em remessas trimestrais, iguais e sucessivas, ao longo de um período que não poderá ultrapassar dois anos.

4. A partir do 31.º dia contado da entrega no Banco de Cabo Verde do pedido de transferência devidamente justificado, os montantes depositados a aguardar transferência em instituições financeiras legalmente estabelecidas no país vencem juros, à taxa LIBOR a 30 dias aplicável à moeda em causa, desde esse dia até à data da efectivação da transferência, sendo os juros vencidos transferíveis ao mesmo tempo que os capitais.

5. O pagamento dos juros referidos no número anterior é da responsabilidade do Banco de Cabo Verde, excepto se as razões da não realização da transferência dentro do prazo nele referido forem imputáveis a outra entidade.

6. O Banco de Cabo Verde poderá recusar o pedido de transferências referido no n.º 1, sempre que:

a) os montantes de pedido de transferência decorram de operações de investimento externo não registados nos termos da lei;

b) as declarações e os comprovativos apresentados forem falsos ou insuficientemente justificados.

ARTIGO 10.º
(Contas em divisas)

1. Os investidores externos poderão dispôr de contas, tituladas em moeda convertível, em instituições financeiras estabelecidas no País e autorizadas por Lei, através das quais podem realizar todas as operações.

2. As contas previstas no número anterior só podem ser movimentadas a crédito mediante transferências do exterior ou de outras contas em divisas existentes no país em instituições financeiras devidamente autorizadas nos termos da lei.

3. A abertura e movimentação das contas a que se refere o n.º 2 antecedente será regulamentada pelo Governo sob proposta do Banco de Cabo Verde.

ARTIGO 11.º
(Trabalhadores estrangeiros)

1. As actividades económicas com participação de investimento externo podem recrutar trabalhadores estrangeiros, nos termos da lei.

2. Os trabalhadores estrangeiros recrutados nos termos do número anterior gozam dos direitos e garantias seguintes:

a) livre transferência para o exterior dos rendimentos auferidos no âmbito do investimento externo;

b) benefícios e facilidades aduaneiras idênticas aos atribuídos nos termos do Decreto-Lei n.º 39/88, de 28 de Maio.

3. O disposto no número anterior aplica-se também aos trabalhadores de nacionalidade caboverdiana que à data da sua contratação residam há mais de cinco anos no estrangeiro.

CAPÍTULO III
Dos incentivos ao investimento externo

ARTIGO 12.º
(Incentivos gerais)

As actividades económicas com participação de investimento externo beneficiam de incentivos gerais previstos na legislação vigente e aplicáveis aos respectivos sectores de actividade.

ARTIGO 13.º
(Incentivos especiais)

1. São isentos de tributação os dividendos e lucros distribuídos ao investidor externo e originados em investimento externo autorizado nos termos do presente diploma, nos casos seguintes:

a) durante um período de 5 anos contados a partir da data do registo do investimento;

b) sempre que tenham sido reinvestidos, nos termos da lei, na mesma ou outra actividade económica em Cabo Verde.

2. São também isentos de tributação as amortizações e juros correspondentes a operações financeiras que constituam investimento externo nos termos das alíneas f) e g) do número 3 do artigo 3.º.

ARTIGO 14
(Estabilização do regime fiscal)

Decorrido o período de isenção previsto na alínea a) do artigo 13.º e nos casos em que não sejam abrangidos pelo disposto na alínea b) do mesmo artigo, os dividendos e lucros distribuídos ao investidor externo e originados em investimento externo, autorizados nos termos do presente diploma, serão tributados através de um imposto único à taxa de 10%, sem prejuízo de disposições mais favoráveis contidas em acordos firmados entre o Estado de Cabo Verde e o Estado de nacionalidade do investidor externo.

ARTIGO 15.º
(Limite dos incentivos)

1. Os incentivos previstos no artigo 13.º não se aplicam:
a) aos investimentos externos em actividades económicas orientadas exclusivamente para o mercado interno;
b) aos investimentos externos no sector financeiro que serão objecto de uma legislação específica.

CAPÍTULO IV
Condições especiais

ARTIGO 16.º
(Convenção de estabelecimento)

1. Convenção de estabelecimento é o contrato escrito, celebrado por iniciativa do Governo entre o Estado e um investidor externo, com vista ao exercício de uma determinada actividade económica em Cabo Verde.

2. A Convenção de estabelecimento define um regime excepcional, só podendo ser celebrada relativamente a actividades que, pela sua dimensão ou natureza, pelas suas implicações económicas, sociais, ecológicas ou tecnológicas ou por outras circunstâncias, se revelem de interesse excepcional no quadro da estratégia de desenvolvimento nacional ou recomendem a adopção de cláusulas, cautela, garantias ou condições especiais não incluídas no regime geral vigente.

3. A celebração de Convenção de estabelecimento é autorizada por Resolução do Conselho de Ministros, que deverá indicar expressamente os elementos essenciais da actividade a que se refere, bem como as cláusulas, exigências, condições e incentivos especiais autorizados.

4. Às actividades económicas reguladas por Convenção de estabelecimento é subsidiariamente aplicado o regime comum estabelecido na legislação vigente relativo ao respectivo sector de actividade.

CAPÍTULO V
Resolução de conflitos

ARTIGO 17.º
(Conciliação e arbitragem)

1. Os diferendos entre o Estado e o investidor externo referentes ao investimento externo, serão resolvidos por meio de conciliação e arbitragem, nos termos do presente artigo, se outra forma não for estabelecida em acordos internacionais subscritos por Cabo Verde ou convencionada por comum acordo das partes.

2. O procedimento de arbitragem é instaurado por notificação escrita de uma das partes a outra, especificando:
a) o objecto do diferendo;
b) o modo de arbitragem proposto;
c) o nome do(s) árbitro(s).

3. A parte notificada deverá responder por escrito, no prazo de 30 dias, pronunciando-se expressamente sobre todos os pontos referidos no número 2 antecedente.

4. A arbitragem será realizada por um único árbitro, salvo se as partes tiverem acordado em fazê-lo por uma comissão arbitral e a constituírem efectivamente no prazo de 45 dias a contar da data da notificação prevista no número 2.

5. O árbitro único será escolhido por comum acordo das partes, podendo estas optar por solicitar a sua designação ao Conselho Superior da Magistratura ou quando o investidor externo não seja de nacionalidade caboverdiana, a um organismo internacional de arbitragem acordado entre eles.

6. Se no prazo de 90 dias a contar da data da notificação referida no número 2 não houver acordo quanto à designação do árbitro único, qualquer das partes poderá pedir a sua designação à Câmara do Comércio Internacional, com sede em Paris, ou quando o investidor seja nacional caboverdiano, ao Conselho Superior da Magistratura.

7. O árbitro único ou o árbitro presidente designado pela Câmara do Comércio Internacional de Paris, nos termos do número antecedente, não poderá ser da mesma nacionalidade de nenhuma das partes envolvidas.

8. Na resolução de conflitos aplicar-se-á:
a) a lei vigente na República de Cabo Verde;
b) os acordos assinados entre Cabo Verde e o país de nacionalidade do investidor externo envolvido;
c) subsidiariamente as normas internacionais aplicáveis.

9. A arbitragem será realizada em Cabo Verde, se outro local não for expressamente acordado entre as partes e a língua de arbitragem será, na falta de acordo em contrário das partes, o português.

10. A decisão arbitral é definitiva, dela não cabendo recurso.

ARTIGO 18.º
(Acordos internacionais)

Os direitos e garantias concedidos aos investimentos externos, nos termos da presente lei, são assegurados sem prejuízo dos resultantes de acordos celebrados entre a República de Cabo Verde e outros Estados ou Organizações Internacionais.

ARTIGO 19.º
(Acordos já firmados)

Os acordos de incidência económica celebrados entre o Governo e investidores externos até à data de entrada em vigor da presente lei são válidos e mantêm-se em vigor como neles se contém.

ARTIGO 20.º
(Regulamentação)

1. O Governo estabelecerá, no prazo de 90 dias e por Decreto Regulamentar, as normas regulamentares necessárias à execução do presente diploma.

2. Compete ao Ministro responsável pela área do Planeamento promover a elaboração e aprovação dos regulamentos referidos no número anterior.

CAPÍTULO VI
Disposições finais

ARTIGO 21.º
(Revogação)

São revogados a Lei n.º 49/III/89, de 13 de Julho de 1989, o Decreto-Lei n.º 110/89 de 30 de Dezembro e, em geral, todas as disposições legais que expressamente contrariem o disposto no presente diploma.

ARTIGO 22.º
(Entrada em vigor)

A presente lei entra em vigor 30 dias após a sua publicação.

Aprovada em 18 de Outubro de 1993

Publique-se.

O Presidente da Assembleia Nacional, *Amílcar Fernandes Spencer Lopes*

Promulgada em 29 de Novembro de 1993

O Presidente da República, *ANTÓNIO MANUEL MASCARENHAS MONTEIRO*

Assinada em 30 de Novembro de 1993

O Presidente da Assembleia Nacional, *Amílcar Fernandes Spencer Lopes*

2

REGULAMENTAÇÃO DA LEI DO INVESTIMENTO

Decreto Regulamentar n.º 1/94, de 3 de Janeiro

Convindo simplificar os processos de autorização e registo das operações de investimento externo, regulados actualmente pelo Decreto 155/90, de 22 de Dezembro.

Nos termos do artigo 20.º da Lei n.º 89/IV/93, de 13 de Dezembro.

No uso da faculdade conferida pela alínea b) do artigo 217.º da Constituição, o Governo decreta o seguinte:

CAPÍTULO I
Do objecto do diploma

ARTIGO 1.º
(Âmbito de aplicação)

O presente diploma regulamenta os processos de autorização para a realização de investimentos externos e para a organização do respectivo registo, previstos pelo artigo 5.º da Lei n.º 89/IV/93 de 13 de Dezembro.

CAPÍTULO II
Da autorização para realização de investimento externo

ARTIGO 2.º
(Pedido de autorização)

1. O pedido de autorização para a realização das operações do investimento externo referidas no artigo 3.º, n.º 3 da Lei n.º 89/IV/ /93, é feito ao Ministro responsável pela área do Planeamento, em três exemplares do impresso que constitui o anexo 1 a este diploma e que dele faz parte integrante, devidamente preenchido e documentado de acordo com as instruções que dele constam.

2. Sempre que as operações de investimento externo implicam a criação, expansão ou modificação substancial de actividades económicas, o pedido a que se refere o número anterior será acompanhado de três exemplares do impresso do modelo que constitui o anexo 2 a este diploma e que dele faz parte integrante, devidamente preenchido e documentado de acordo com as instruções que dele constam.

3. Os documentos a que se referem os números anteriores são entregues no Centro de Promoção do Investimento e das Exportações, em mão ou através de carta registada, com aviso de recepção, directamente pelo requerente ou por um seu mandatário devidamente credenciado de procuração, carta, telex ou telefax.

ARTIGO 3.º
(Prazo para a resposta)

Salvo no caso referido no n.º 4 do artigo 4.º, o investidor externo que solicitar a autorização para a realização do investimento externo deverá receber uma resposta no prazo máximo de 30 dias, a contar da data da recepção do pedido pelo Centro de Promoção do Investimento e das Exportações. Se não receber resposta dentro do prazo referido, considera-se deferido o pedido.

ARTIGO 4.º
(Tramitação)

1. Sempre que o pedido de autorização do investimento externo resulta do disposto no número 1 do artigo 2.º, o Centro de Promoção do Investimento e das Exportações promoverá, o mais urgente possível, a sua avaliação, organizando e remetendo o dossier, para efeitos de parecer, à Comissão de Avaliação do Investimento Externo e das Empresas Francas, criada pela Resolução do Conselho de Ministros n.º 43/93 de 30 de Agosto e rectificado no Boletim Oficial n.º 49/93, I Série, de 27 de Dezembro.

2. A Comissão de Avaliação do Investimento Externo e das Empresas Francas deverá enviar ao Ministro o seu parecer, acompanhado de todo o processo, num prazo máximo de 15 dias contado da data da recepção do processo pelo Centro de Promoção de Investimentos e das Exportações.

3. A Comissão de Avaliação do Investimento Externo e das Empresas Francas poderá, sempre que necessário, solicitar ao investidor externo elementos ou informações complementares.

4. No caso previsto no número anterior, suspende-se o prazo referenciado no artigo 3.º, o qual recomeçará a correr após a prestação por parte do investidor ou do seu mandatário das informações pedidas.

5. Sempre que o pedido de autorização de investimento externo se refira a operações que não estejam associadas a projectos de criação, expansão ou modificação substancial de actividades económicas, o Centro de Promoção de Investimento e das Exportações envia directamente ao Ministro responsável pela área do Planeamento, para efeitos de deliberação, cópia integral do processo, acompanhado do seu parecer.

ARTIGO 5.º
(Deliberação)

1. O Ministro delibera e promove a emissão e o envio, através do Centro de Promoção do Investimento e das Exportações, ao

requerente ou ao seu mandatário, do certificado de investidor externo que constitui o anexo 3 a este diploma e que dele faz parte integrante, no prazo máximo de 15 dias contado da data da recepção do processo.

2. Cópia do certificado a que se refere o número anterior é enviado ao Centro de Promoção do Investimento e das Exportações, Banco de Cabo Verde e ao departamento governamental directamente ligado ao sector em que o investimento externo se realizará.

ARTIGO 6.º
(Efeitos da autorização)

1. O certificado constitui documento suficiente para comprovar junto de quaisquer entidades nacionais o direito do seu titular a:

a) realizar todos os actos e contratos necessários à efectivação das operações autorizadas, nos termos legais e regulamentares aos mesmos aplicáveis;

b) beneficiar, relativamente às actividades abrangidas pelas operações autorizadas, dos direitos, garantias e incentivos previstos na Lei n.º 89/IV/93, de 13 de Dezembro.

2. Sempre que as operações autorizadas estejam associadas a projectos de criação, expansão ou modificação substancial de actividades económicas, o certificado constitui autorização suficiente para a realização dos mesmos, dentro do respeito pelas normas legais e regulamentares em vigor nos respectivos sectores de actividade.

ARTIGO 7.º
(Fundamento para indeferimento)

1. Os pedidos de autorização para a realização de investimento externo apenas podem ser indeferidos com fundamento em:

a) não autorização dos projectos de criação ou expansão de actividades económicas a que os mesmos se referem, nos termos da legislação em vigor nos respectivos sectores de actividade;

b) violação dos princípios fundamentais da ordem pública cabo-verdiana ou de compromissos internacionais de Estado de Cabo Verde;
c) perigo para a segurança nacional, para a saúde pública, para o equilíbrio ecológico ou para o património arqueológico, histórico cultural ou paisagístico, natural ou edificado;
d) efeitos negativos potenciais ou insuficiente contribuição para os objectivos de desenvolvimento económico do País, tendo em conta os princípios estabelecidos no Plano Nacional de Desenvolvimento;
e) presunção fundamentada de que os projectos de criação, expansão ou modificação substancial de actividades económicas que o pedido de autorização se refere possam constituir uma sobrecarga incomportável para as infra-estruturas ou serviços gerais existentes ou previstos, salvo se o requerente garantir, através de protocolo a celebrar com o Governo, o financiamento dos encargos correspondentes à instalação ou reforço dos mesmos e ao seu funcionamento por um período mínimo de 5 anos;
f) manifesta inidoneidade ou falta de capacidade técnica ou financeira dos investidores para realizarem as operações a que os pedidos de autorização se referem;
g) falsas declarações.

2. Para efeitos do disposto na alínea d) do número anterior, as operações de investimento externo e os projectos de criação, expansão ou modificação substancial de actividades económicas a que as mesmas se referem são avaliadas mediante a verificação global ou parcial, entre outros, dos critérios seguintes:
a) volume de investimento;
b) valor acrescentado nacional;
c) criação de novos empregos e valorização dos recursos humanos nacionais;
d) valorização dos recursos naturais e utilização de bens e serviços nacionais;
e) saldo potencial de divisas para o País;
f) localização, atendendo os planos de desenvolvimento regionais;

g) transferência de *know how*.

3. O indeferimento de pedidos de autorização para a realização de investimento externo será comunicado ao requerente ou ao seu mandatário através de carta registada, com aviso de recepção, expedida dentro do prazo referido no artigo 5.º, a qual conterá sempre justificação dos motivos que determinaram o indeferimento.

ARTIGO 8.º
(Efeitos do indeferimento)

1. O indeferimento dos pedidos de autorização de investimento externo implica a proibição das operações constantes dos mesmos, sem prejuízo do direito de interposição de recursos nos termos legais.

2. Qualquer pedido indeferido poderá ser renovado nos termos do artigo 2.º, ficando o investidor ou o seu mandatário dispensado da apresentação dos elementos ou documentos que não sofreram alterações e cabendo-lhe apenas fazer prova da eliminação das causas que determinaram o indeferimento.

ARTIGO 9.º
(Caducidade da autorização)

1. A não realização das operações autorizadas dentro do prazo ou nas condições constantes no certificado determina automaticamente a caducidade da autorização.

2. A autorização pode ser renovada por despacho do Ministro responsável pela área do Planeamento, mediante requerimento fundamentado do seu titular demonstrando que o não cumprimento dos prazos ou condições referidos se deve a motivos ponderosos e independentemente da sua vontade.

ARTIGO 10.º
(Anulação da autorização)

1. Sem prejuízo de outras sanções previstas na lei, a autorização

conferida pelo certificado pode ser anulada por despacho do Ministro responsável pela área do Planeamento, nos casos seguintes:

a) sempre que se verifique posteriormente serem falsas as informações prestadas pelo requerente ou pelo seu mandatário no processo de autorização;

b) sempre que os elementos inscritos no certificado tenham sido alterados por uma actuação do seu titular ou de terceiros com o seu consentimento.

2. Do despacho de anulação a que se refere o número anterior cabe recurso, nos termos da lei.

ARTIGO 11.º
(Comunicações)

As decisões de renovação da autorização de investimento externo nos termos do número 2 do artigo 8.º e a sua anulação nos termos do artigo anterior, serão de imediato comunicadas pelo Ministério responsável pela área do Planeamento ao Banco de Cabo Verde, ao Centro de Promoção do Investimento e das Exportações e aos departamentos governamentais responsáveis pelos sectores de actividade em que se inserem as actividades a que as mesmas respeitam.

CAPÍTULO III
Do registo do investimento externo

ARTIGO 12.º
(Registo)

1. O registo de realização ou alienação de investimento externo a que se refere o artigo 5.º da Lei n.º 89/IV/93, de 13 de Dezembro, é feito mediante a entrega nos serviços competentes do Banco de Cabo Verde de três exemplares de impresso do modelo que constitui o anexo 4 a este diploma e que dele faz parte integrante, devidamente preenchido e documentado de acordo com as instruções que dele constam.

2. O impresso de registo deve ser entregue em mão nos serviços referidos no número 1 ou a eles enviado através de carta registada, com aviso de recepção, dentro do prazo máximo de trinta dias a contar da data de efectivação da operação a que o mesmo se refere.

ARTIGO 13.º
(Organização do registo)

1. O Banco de Cabo Verde organizará, para cada investidor externo, um processo de registo contendo os elementos suficientes para caracterizar o investidor e os seus investimentos externos em Cabo Verde e acompanhar a respectiva evolução.

2. O processo de registo compreenderá:
a) relação de todas as operações de investimento externo, bem como os respectivos desinvestimentos, realizados pelo investidor externo, com indicação da natureza de cada operação e da modalidade e valor da mesma, nos termos do artigo 5.º da Lei n.º 89/IV/93, de 13 de Dezembro;
b) cópias dos certificados de autorização em seu nome emitidos, bem como dos despachos de renovação e anulação que sobre os mesmos tenham recaído;
c) documentos comprovativos da efectiva realização das operações de investimento externo registadas;
d) relação dos movimentos cambiais associados a cada uma das operações de investimento externo registadas.

CAPÍTULO IV
Disposições finais

ARTIGO 14.º
(Investimentos externos já existentes)

Os investimentos externos já existentes à data da entrada em vigor do presente diploma devem ser registados no Banco de Cabo Verde dentro do prazo de 120 dias a contar dessa data.

ARTIGO 15.º
(Alteração dos formulários)

Os formulários que constituem os anexos 1, 2 e 3 e 4 do presente diploma podem ser alterados por despacho do Ministro responsável pela área do Planeamento.

ARTIGO 16.º
(Autorização única)

A realização das operações previstas no número 1 do artigo 2.º não carece de nenhuma autorização que não seja a prevista neste diploma.

ARTIGO 17.º
(Revogação)

É revogado o Decreto n.º 155/90, de 22 de Dezembro, bem como todas as outras disposições legais que expressamente contrariem o disposto no presente diploma.

ARTIGO 18.º
(Derrogação)

São derrogados quanto às matérias reguladas no presente diploma os artigos 5.º, 6.º, 7.º, 8.º, 9.º e 10.º do Decreto-Lei n.º 108/89, de 30 de Dezembro.

ARTIGO 19.º
(Entrada em vigor)

O presente diploma entra imediatamente em vigor.

Visto e aprovado em Conselho de Ministros

Carlos Veiga – José Tomás Veiga – Úlpio Napoleão Fernandes

Promulgado em 23 de Dezembro de 1993

Publique-se

O Presidente da República
ANTÓNIO MANUEL MASCARENHAS GOMES MONTEIRO.

Referendado em 23 de Dezembro de 1993

O Primeiro-Ministro, *Carlos Veiga*

GUINÉ-BISSAU

1

CÓDIGO DE INVESTIMENTO

Decreto-Lei n.º 4/91, de 14 de Outubro

A legislação actualmente em vigor sobre o investimento, o Decreto-Lei n.º 2/85, de 13 de Junho, e os Decretos n.º 25-E/85 e o n.º 25-F/85, ambos de 13 Junho, caracteriza-se, essencialmente, por apenas prever o investimento estrangeiro e por ter criado um mecanismo pesado e burocratizante para sua aplicação.

Na actual fase do desenvolvimento do nosso país em que o Estado pretende favorecer e encorajar a iniciativa privada, de acordo com uma opção virada para a economia de mercado, hoje constitucionalmente consagrada, os investimentos privados, sejam nacionais, sejam estrangeiros, têm de ser suficientemente incentivados e rodeados de garantias sólidas, de modo a acolher e aproveitar todas as oportunidades de investimento.

Com a entrada em vigor do presente diploma espera o Governo um acréscimo substancial do investimento privado nos sectores principais da nossa economia, de modo a prosseguir-se de forma harmoniosa, mas rápida, ao aumento de riqueza com vista ao desenvolvimento económico e social do país. Procura-se por um lado, corrigir algumas assimetrias regionais e, por outro, atenuar certas dificuldades estruturais do nosso sistema económico.

Assim, o Conselho de Estado decreta, nos termos do n.º 1 do artigo 62º da Constituição, o seguinte:

Artigo 1.º - É aprovado o Código de Investimento, anexo ao presente Decreto-Lei, e que dele faz parte integrante.

Artigo 2.º - As disposições do Código do Investimento começam a vigorar 60 (sessenta) dias após a sua aplicação.

Aprovado em 16 de Agosto de 1991.

Promulgado em 30 de Setembro de 1991.

Publique-se.

O Presidente do Conselho de Estado
General *JOÃO BERNARDO VIEIRA*.

CÓDIGO DE INVESTIMENTO

CAPÍTULO I
Do investimento, âmbito de aplicação e fins

ARTIGO 1.º

Na República da Guiné-Bissau, todas as pessoas singulares ou colectivas gozam do direito de investimento de livre acesso e de exercício de actividades económicas lucrativas.

ARTIGO 2.º

A promoção do investimento pelo Governo, tem por objectivo o desenvolvimento económico e social do país e a promoção do bem estar da população.

ARTIGO 3.º

1. O investimento na República da Guiné-Bissau deverá harmonizar-se, nomeadamente:

a) com a estratégia de desenvolvimento definida pelos órgãos representativos da soberania nacional;
b) com os objectivos definidos no plano de desenvolvimento económico e social do país;
c) com as regras constantes do presente Diploma e demais legislação em vigor.

2. Sem prejuízo pelo respeito devido às demais leis e regulamentos em vigor, os projectos de investimento deverão considerar em especial todas as disposições legais relativas à protecção da saúde, da salubridade pública, da defesa do ambiente e da desertificação.

ARTIGO 4.º

Para efeitos do presente diploma, considera-se:
a) Investimento – qualquer contribuição susceptível de avaliação pecuniária realizada no território nacional quer para o exercício de actividade empresarial própria, quer para associação com sociedades já constituídas ou a constituir, através de participação no respectivo capital. Poderá revestir uma das seguintes formas: moeda livremente convertível, maquinarias e materiais importados e transferências de tecnologia;
b) Investimento Estrangeiro – todo o investimento realizado por pessoas singulares ou colectivas não domiciliadas ou sediadas em território nacional, com fundos provenientes do estrangeiro. O investimento realizado por cidadãos estrangeiros residentes no país, com fundos provenientes do estrangeiro, é considerado, para efeitos do presente diploma, investimento estrangeiro;
c) Reinvestimento Estrangeiro – aplicação de todos ou de parte dos lucros gerados em virtude de um investimento estrangeiro, e que nos termos deste diploma sejam exportáveis;
d) Por pessoas singulares ou colectivas não domiciliadas ou sediadas em território nacional, entendem-se, respectivamente, os indivíduos, incluindo cidadãos guineenses, com residência habitual no estrangeiro e as entidades colectivas de qualquer natureza sediadas no estrangeiro;

e) Projectos – todas as actividades que envolvam investimentos e/ou reinvestimento, tal como acima definidos;
f) GAI – Gabinete de Apoio ao Investimento, com as atribuições definidas neste Código e nos respectivos Estatutos.

CAPÍTULO II
Dos direitos e garantias

ARTIGO 5.º

Com limites estabelecidos na legislação relativa à delimitação dos sectores reservados ao Estado, a todos os projectos aprovados ao abrigo deste Código, é assegurado o acesso a todos os incentivos e o direito a todas as garantias previstas neste diploma.

ARTIGO 6.º

1. O Estado da Guiné-Bissau garante a segurança e protecção dos bens e direitos resultantes dos investimentos efectuados ao abrigo deste Código.

2. As garantias concedidas aos Investimentos Estrangeiros nos termos do presente diploma, não impedem a existência de outras que resultem de acordos celebrados entre a República da Guiné-Bissau e outros Estados e Organismos Internacionais.

ARTIGO 7.º

1. Todos os projectos aprovados ao abrigo deste Código gozarão de protecção contra a nacionalização e expropriação dos seus bens.

2. Excepcionalmente, caso o Estado entre na posse de quaisquer bens que integrem o património dos projectos aprovados, na sequência da lei especial sobre a matéria e por motivos de interesse público, uma justa e pronta indemnização será assegurada e paga ao investidor. O montante desta será determinado de acordo com as regras e prática comum de Direito Internacional ou com recurso a arbitragem.

3. Os projectos aprovados poderão ainda beneficiar das garantias previstas nos termos da convenção que cria a Agência Multilateral de Garantia do Investimento – MIGA, bem como de outras resultantes de convenções ou tratados de que a República da Guiné-Bissau seja parte.

4. O Estado abster-se-á de qualquer interferência, de ordem económica, ou outra na vida das empresas que exerçam as suas actividades com respeito pelas leis e regulamentos em vigor.

5. O Estado garante às empresas o respeito pelo sigilo profissional, bancário e comercial, no que se refere às actividades exercidas no âmbito dos projectos aprovados.

ARTIGO 8.º

O Estado da Guiné-Bissau obriga-se a não aplicar às pessoas singulares ou colectivas estrangeiras autorizadas a investir no território nacional qualquer medida de ordem legislativa ou regulamentar, que tenha por efeito impôr-lhes condições de actividades menos favoráveis do que as aplicáveis às entidades nacionais.

CAPÍTULO III
Das operações com o exterior

ARTIGO 9.º

1. Os Projectos de Investimento Estrangeiro ou Reinvestimento Estrangeiro aprovados, e desde que cumpram as condições em que o investimento foi autorizado, têm direito de transferir para o exterior:

a) anualmente os dividendos ou lucros distribuídos com dedução dos impostos, tendo em conta a sua participação no capital da empresa;
b) o produto da venda ou liquidação do investimento efectuado, incluindo as mais-valias, depois de pagos os impostos devidos;

c) os montantes necessários à liquidação dos serviços de dívida resultantes de créditos externos contraídos no âmbito dos projectos aprovados;
d) quaisquer outras importâncias no âmbito de actos em vigor, nomeadamente relativos a fornecimento, assistência técnica e comissões, com dedução dos respectivos impostos.

2. Os restantes Projectos de Investimento, e desde que cumpridas as condições em que foram autorizadas, terão idênticos direitos, à excepção dos referidos nas alíneas a) e b) do número anterior.

ARTIGO 10.º

1. Todos os Projectos aprovados poderão manter uma conta em moeda estrangeira junto dos respectivos Bancos Comerciais na República da Guiné-Bissau, a qual poderão utilizar nos termos da legislação especial sobre a matéria, para fazer face aos compromissos referidos no artigo anterior, bem como para vender no mercado os excedentes nela mantidos.

2. A referida conta poderá ser alimentada com recursos obtidos pelas seguintes formas:
a) transferência de fundos do estrangeiro;
b) receitas de exportação;
c) moeda estrangeira adquirida livremente no mercado.

ARTIGO 11.º

1. Os Projectos aprovados ao abrigo deste Código poderão recorrer ao crédito interno ou externo, para efeitos de financiamento das suas operações.

2. Para efeitos do número anterior, o recurso ao crédito exterior deverá ser objecto de registo, quer junto ao Ministério da Economia e Finanças, quer junto ao Banco Central da Guiné-Bissau (BCGB). Porém este fixará um montante a partir do qual o recurso ao crédito externo não poderá ser feito sem prévia e expressa autorização do BCGB.

CAPÍTULO IV
Dos incentivos e sua aplicação

ARTIGO 12.º

1. Com os limites estabelecidos no n.º 2 do presente artigo, todos os Projectos aprovados poderão beneficiar dos seguintes incentivos:

a) isenções ou reduções fiscais, que incidirão sobre a Contribuição Industrial, o Imposto de Capitais e Imposto Complementar;

b) isenções de Direitos Aduaneiros, que incidirão sobre:

i) a importação, quer temporária, quer definitiva de bens de equipamentos necessários para a realização dos estudos de fundamentação de investimentos bem como para a sua execução;

ii) a importação de matérias-primas e subsidiárias à produção, durante os primeiros 2 (dois) anos de execução do projecto.

2. Não terão acesso aos incentivos previstos no número anterior as seguintes actividades nomeadamente:

a) comércio grossista e retalhista;

b) comércio de exportação de produtos primários tradicionais, nomeadamente castanha de cajú, coconote, mancarra, óleo de palma e madeiras;

c) serviços de aluguer de viaturas;

d) construção civil excepto no que refere a importação de equipamentos e acessórios de manutenção;

e) cafés cervejarias, *dancings*, restaurantes, padarias confeitarias e similares;

f) jogos de fortuna e azar.

3. As demais actividades de serviços, não referidas no n.º anterior apenas poderão beneficiar de isenções aduaneiras até um limite de 50% do respectivo valor.

4. A competência para a alteração da lista referida no número anterior pertence ao Conselho de Ministros.

5. Os projectos de investimento que sejam considerados de grande interesse económico para o país, poderão beneficiar de incentivos não previstos no número 1, a conceder, sob proposta do Ministro de Estado da Economia e Finanças, pelo Conselho de Ministros.

ARTIGO 13.º

1. São os seguintes os critérios cumuláveis para a determinação dos incentivos:

A. Isenções ou Reduções Fiscais

a) Promoção de exportações: por forma a encorajar a realização de Investimentos orientados para a exportação, os Projectos aprovados poderão deduzir, na determinação da matéria colectável, o valor correspondente a 10% (dez por cento) das receitas obtidas pelas exportações realizadas nesse ano, no âmbito do projecto aprovado, e durante um período máximo de 6 (seis) anos.

b) Promoção de substituição de importações: por forma a encorajar a realização de investimentos orientados para a substituição de importações e para a auto-suficiência alimentar os projectos aprovados poderão deduzir, na determinação da sua matéria colectável, o valor correspondente a 10% (dez por cento) da produção anual, e durante um período máximo de 6 (seis) anos.

c) Promoção de formação profissional: por forma a encorajar a realização de acções de formação e o aperfeiçoamento profissional de trabalhadores guineenses, os Projectos aprovados poderão deduzir, na determinação da sua matéria colectável, o dobro das despesas de formação efectuadas em cursos especializados, no país ou no estrangeiro.

d) Reflorestamento: por forma a encorajar as acções de reflorestamento no país, os Projectos aprovados que provem terem plantado acima de 10 hectares de espécies nativas de árvores, poderão deduzir na determinação da sua matéria colectável, o dobro das despesas efectuadas na plantação e tratamento das mesmas durante um período máximo de 3 (três) anos.

Tratando-se de outras espécies a percentagem de dedução será de metade das despesas efectuadas.

e) Interioridade e infra-estruturas: os projectos que se instalem fora da região de Bissau – Região Administrativa, poderão deduzir na determinação da sua matéria colectável, 50% (cinquenta por cento) dos respectivos custos de transporte, até um limite máximo de cinco milhões de pesos. Poderão ainda deduzir a totalidade das despesas com a criação de infra-estruturas, estradas, portos e armazéns designadamente, no ano da sua realização e, se necessário, nos exercícios seguintes. A criação de infra-estruturas para fins turísticos será objecto de legislação especial.

B. Isenção ou Reduções de Direitos Aduaneiros: aplica-se a todos os Projectos Aprovados.

2. Compete ao Conselho de Ministros a alteração dos critérios referidos no número anterior, que incidirão sempre sobre os resultados efectivamente alcançados pelos Projectos aprovados.

3. A fixação do valor de cada um dos critérios referidos no número 1 do presente artigo poderá ser alterado, para cada sector de actividade, por despacho conjunto dos Ministros de Estado da Economia e Finanças, da tutela e do Banco Central da Guiné-Bissau.

4. Compete aos promotores indicar, dentro da fase de instalação que não será superior a dois anos, a data a partir da qual se poderá considerar iniciado o Projecto, para efeito de contagem dos prazos referidos nos números anteriores.

CAPÍTULO V
Da competência do processo

ARTIGO 14.º

1. A aprovação dos projectos ao abrigo do presente Código, e sua consequente elegibilidade para a atribuição dos incentivos, é

da competência do GAI, que funcionará sob tutela do Ministro de Estado da Economia e Finanças.

2. Serão aprovados no âmbito do presente Diploma os projectos que revistam interesse para a economia e o desenvolvimento nacional.

3. O interesse para a economia e o desenvolvimento nacional será apreciado tendo em conta, designadamente, os seguintes critérios ([1]):

a) saldo positivo em divisas que contribua para a balança de pagamentos externos;
b) valorização dos recursos nacionais, nomeadamente pela sua transformação;
c) efeitos dinamizadores sobre os restantes sectores da economia nacional;
d) valor acrescentado gerado;
e) criação de novos empregos;
f) relação entre o volume de investimento e o número de postos de trabalho criados;
g) produção de novos bens ou serviços, melhoria de qualidade de produtos já fabricados no País;
i) transferência de tecnologia, especialmente tecnologia apropriada;
j) localização tendo em conta os objectivos de desenvolvimento regional;
l) contribuição para a auto-suficiência alimentar.

ARTIGO 15.º

1. Os pedidos de aprovação dos projectos, serão apresentados no GAI, com especificação e informação dos objectivos do projecto, das partes envolvidas e dos benefícios esperados para a economia, bem como dos incentivos requeridos ao abrigo do Código e da legislação complementar.

2. O GAI manterá um Registo de todos os montantes efectivamente investidos em Projectos por ele aprovados ao abrigo deste

([1]) No texto original não existe alínea h).

Código, bem como de quaisquer Acordos em vigor que impliquem transferência de fundos para o estrangeiro.

ARTIGO 16.º

1. Sem prejuízo do disposto no artigo anterior o requerente fornecerá todas as informações julgadas úteis, fazendo-se acompanhar de todos os documentos, estudos e outros elementos que entenda dever pôr à disposição das entidades competentes para a decisão.

2. Em especial o requerente deverá fazer acompanhar o seu pedido dos seguintes elementos:

a) Tratando de pessoas singulares:
- *Curriculum vitae* do requerente;
- Sua experiência profissional.

b) Tratando-se de pessoas colectivas:
- exemplar dos estatutos ou projectos.

c) Estudo de viabilidade técnica, económica e financeira.

ARTIGO 17.º

1. Sempre que o montante do investimento seja superior a 250.000,00 (duzentos e cinquenta milhões de pesos) ([1]), o estudo de viabilidade técnica, económica e financeira referido na alínea c) do número 2 do artigo anterior deverá necessariamente conter os elementos e obedecer à tramitação a fixar por Despacho conjunto do Ministro de Estado da Economia e Finanças e do Ministro Governador do Banco Central da Guiné-Bissau.

2. O montante referido no número anterior poderá ser alterado por despacho do Ministro do Estado da Economia e Finanças, ouvido o Ministro Governador do Banco Central da Guiné-Bissau.

ARTIGO 18.º

1. Sem prejuízo da competência de outros Ministérios designadamente do Ministério da Economia e Finanças, da tutela e do Banco Central da Guiné-Bissau ou de outros Departamentos do

([1]) A divergência entre quantias corresponde ao original.

Estado, na área das suas atribuições, compete especialmente ao GAI verificar que a execução do projecto de investimento está a ser realizado de acordo com as condições subjacentes à atribuição dos respectivos incentivos.

2. O não cumprimento, por parte do investidor, das condições a que se refere o número anterior, é motivo de revogação da atribuição dos respectivos incentivos, determinando a anulação de todos os benefícios entretanto usufruídos, através de Despacho conjunto dos Ministros de Estado da Economia e Finanças e da tutela.

3. Considera-se, designadamente, não cumprimento das condições de atribuições dos incentivos, a liquidação ou cessação das actividades do projecto nos seus dois primeiros anos de vida, ressalvadas as situações de força maior, a apreciar caso a caso pelo GAI.

ARTIGO 19.º

1. O Governo poderá estabelecer regulamentação especial para investimentos em sectores de actividades que, pelas suas características específicas, merecem tratamento especial.

2. Em caso de liquidação ou cessação de actividades, os beneficiários do projecto aprovado deverão informar o GAI imediatamente do facto.

3. A venda dos equipamentos importados ao abrigo dos projectos aprovados dependerão da prévia autorização do GAI e da liquidação e pagamento dos impostos devidos pelos beneficiários.

CAPÍTULO VI
Resolução de conflitos

ARTIGO 21.º ([1])

Para a resolução de conflitos no âmbito dos projectos aprovados, as empresas poderão recorrer aos Tribunais da República da Guiné-Bissau.

([1]) No texto original não existe artigo 20.º.

ARTIGO 22.º

1. As empresas com a participação maioritariamente estrangeira terão o direito de solicitar que a resolução dos seus diferendos com o Estado seja submetida a regras de conciliação e arbitragem, resultantes:

a) de acordos ou tratados relativos à protecção de Investimentos celebrados entre a República da Guiné-Bissau e o Estado do qual o investidor é nacional;
b) de pactos ou de acordos de arbitragem concluídos entre as partes;
c) da Convenção de 18 de Março de 1965 para a resolução de conflitos relativos a investimentos entre Estados e nacionais de outros Estados, estabelecida sob a égide do Banco Internacional para a Resolução e Desenvolvimento – BIRD;
d) das disposições regulamentares do mecanismo suplementar aprovado pelo Conselho de Administração do Centro Internacional para a Resolução de Conflitos relativos a Investimentos, CIRCI, caso o investidor reuna condições estabelecidas no artigo 25.º da convenção referida na alínea anterior.

2. O consentimento das partes no que se refere à atribuição de competências ao CIRCI e à aplicação do mecanismo suplementar, requerido nos instrumentos de regulamentação respectivos resulta do presente artigo para a República da Guiné-Bissau e no que se refere ao investidor deverá ser expressamente declarado no pedido de aprovação do Projecto.

3. Antes de se iniciar qualquer processo com vista à resolução de conflitos entre o Estado e o investidor de outros Estados o interessado deverá comunicar a existência do diferendo à respectiva Associação Profissional que, por sua vez, solicitará ao GAI os esclarecimentos necessários e a resolução do diferendo por via negocial.

CAPÍTULO VII
Disposições finais e transitórias

ARTIGO 23.º

O GAI poderá cobrar receitas pelos serviços que prestar, que poderão ser calculadas quer sobre o valor das isenções que atribuir, quer sobre o valor global do projecto, pela forma fixada pelo Ministro de Estado da Economia e Finanças.

ARTIGO 24.º

1. Quaisquer dúvidas que se suscitem na aplicação do presente diploma serão resolvidas pelo Governo.

2. Compete ao GAI emitir as instruções de carácter técnico que se mostrem necessárias à execução do presente Diploma.

ARTIGO 25.º

Fica revogada toda a legislação em contrário e designadamente:
a) o Decreto-Lei n.º 2/85, de 13 de Junho;
b) o Decreto-Lei n.º 25-E/85, de 13 de Junho;
c) o Decreto-Lei n.º 25-F/85, de 13 de Junho;
d) a Ordem n.º 2/87, de Março de 1987 do Conselho de Ministros.

2

ZONAS FRANCAS

Decreto-Lei n.º 3/91, de 14 de Outubro

O estabelecimento de zonas francas no país, com as especificidades económicas e financeiras que as caracterizam, constitui um importante factor de desenvolvimento económico, não só para as áreas geográficas contíguas àquelas em que as mesmas se situam, mas também para todo o Território Nacional.

Atravessa o nosso País uma fase de ampla reestruturação de todo o seu sistema económico, assente numa estratégia que aponta para a expansão e consolidação de um forte, dinâmico e eficaz sector privado.

Nestas circunstâncias a criação de zonas francas, com todas as potencialidades que lhes são conhecidas e enquadrando-se coerentemente na política definida pelo nosso Governo, representa um instrumento da maior utilidade para a construção de um futuro de prosperidade para o povo guineense.

Assim, o Conselho de Estado decreta, nos termos do n.º 1 do artigo 62º da Constituição, o seguinte:

ARTIGO 1.º – É o Governo autorizado a criar zonas francas em qualquer parte do território nacional.

ARTIGO 2.º – 1. As zonas francas a criar no país poderão revestir natureza industrial, comercial e de serviços.

2. O Governo regulamentará o presente diploma no que respeita às condições de exercício das actividades industriais, comerciais e de serviços, e, especialmente no que se refere ao regime jurídico-fiscal e de incentivos.

ARTIGO 3.º – 1. Será criado no Ministério da Economia e Finanças, sob dependência e orientação directa do respectivo titular, o Gabinete de Zonas Francas, ao qual serão conferidas as competências relativas ao acompanhamento da implantação e exploração das actividades a serem nelas exercidas, de modo a obter-se uma harmonia dos procedimentos administrativos ao conjunto daquelas operações.

2. O Gabinete das Zonas Francas será dirigido por uma Comissão constituída por um presidente e 6 vogais, sendo 3 efectivos e 3 suplentes. Representantes dos Ministérios dos Recursos Naturais e Indústria, do Comércio e Turismo e do Banco Central da Guiné-Bissau deverão fazer parte da presente Comissão.

3. Os membros da Comissão serão nomeados, a tempo inteiro ou parcial, por Despacho do Presidente do Conselho de Estado, sob proposta do Ministro de Estado da Economia e Finanças.

4. O funcionamento da Comissão será regulado por Despacho do Ministro de Estado da Economia e Finanças.

ARTIGO 4.º – 1. A implantação, administração e exploração de zonas francas poderá ser objecto de adjudicação em regime de concessão, a entidades existentes ou a criar, públicas ou privadas de reconhecida capacidade técnica e financeira, podendo ser dispensada a realização de concurso, mediante autorização do Conselho de Ministros.

2. A minuta de Contrato de Concessão deverá ser aprovada em Conselho de Ministros.

3. Sem prejuízo da sua zona, renovação ou prorrogação, a concessão não poderá efectuar-se por um prazo superior a 30 anos, e considera-se realizada em regime de serviço público.

4. Poderá ser delegada à concessionária de zonas francas a competência para a assinatura dos documentos que titulem as licenças para as instalações e funcionamento das empresas que pretendam operar na zona franca.

ARTIGO 5.º – Sem prejuízo do que vier a ser estabelecido nos respectivos contratos de concessão, são atribuições das entidades concessionárias de zonas francas:

a) elaborar o plano plurianual da respectiva zona e coordenar e promover a sua execução directamente, ou quando devidamente autorizadas, mediante contrato com outras entidades públicas privadas ou de capitais mistos;
b) promover estudos, elaborar, divulgar e executar programas e propostas de interesse para o desenvolvimento das respectivas zonas;
c) prestar assistência técnica a entidades públicas ou privadas na concepção e execução de programas de desenvolvimento das zonas;
d) realizar todos os demais actos necessários ao cumprimento das atribuições.

ARTIGO 6.º – Quaisquer dúvidas que se suscitarem na aplicação do presente diploma serão resolvidos pelo Governo.

ARTIGO 7.º – Este Diploma entra em vigor na data da sua publicação.

Aprovado em 16 de Agosto de 1991.

Promulgado em 30 de Setembro de 1991.

Publique-se.

O Presidente do Conselho de Estado
General *JOÃO BERNARDO VIEIRA*.

MOÇAMBIQUE

1

LEI DO INVESTIMENTO

Lei n.º 3/93, de 24 de Junho

Consciente da necessidade de adopção de um quadro legal orientador do processo de realização, em território moçambicano, de empreendimentos que envolvam investimentos privados, nacionais e estrangeiros, susceptíveis de contribuir para o progresso e bem estar social no País, foi em 1984 aprovada a Lei n.º 4/84, de 18 de Agosto, e, através do Decreto n.º 8/87, de 30 de Janeiro, o Regulamento do Investimento Directo Estrangeiro.

Complementarmente, em 1987, foi emanada a Lei n.º 5/87, de 19 de Janeiro, e aprovado pelo Decreto n.º 7/87, de 30 de Janeiro, o Regulamento do Processo de Investimentos Nacionais, tendo-se ainda definido através do Decreto n.º 10/87, de 30 de Janeiro, os incentivos fiscais e aduaneiros aplicáveis aos investimentos privados nacionais.

As profundas transformações que se têm vindo a operar no mundo em geral, e no País em particular, especialmente as decorrentes do processo de implementação das medidas do Programa de Reabilitação Económica e da entrada em vigor da nova Constituição da República, associadas à pertinente exigência em se adoptar uma política económica mais aberta, objectiva e que privilegie uma maior participação, complementaridade e igualdade de tratamento dos investimentos nacionais e estrangeiros, determinam a necessidade de revisão da legislação existente sobre esta matéria.

Neste contexto, com vista à adequação e melhoria do quadro legal regulador de matérias sobre investimentos privados no País, a Assembleia da República, ao abrigo do disposto no n.º 1 do artigo 135.º da Constituição, determina:

CAPÍTULO I
Disposições gerais

ARTIGO 1.º
(Definições)

1. Para efeitos da presente lei, considera-se:

a) Actividade económica – a produção e comercialização de bens ou prestação de serviços qualquer que seja a sua natureza, levada a cabo em qualquer sector da economia nacional;

b) Capital estrangeiro – a contribuição susceptível de avaliação pecuniária disponibilizada sob as formas de investimento previstas no artigo 9.º e de conformidade com as disposições regulamentares desta Lei a aprovar pelo Conselho de Ministros, provenientes do estrangeiro e destinados à realização de projecto de investimento em território moçambicano;

c) Capital investido – o capital efectivamente realizado e aplicado num projecto de investimento directo, nacional ou estrangeiro, nos termos do definido nas alíneas m) e n) deste artigo;

d) Capital nacional – o somatório da contribuição avaliável em termos pecuniários e correspondente às diferentes formas de participação no investimento através de capitais próprios, suprimentos, bens móveis e imóveis e direitos incorporados ou a incorporar num projecto de investimentos, de conformidade com as disposições regulamentares da presente Lei;

e) Capital próprio – a parte ou componente do investimento directo realizado através de disponibilidades financeiras ou de bens e direitos, devidamente avaliados e certificados por uma entidade idónea, pertencentes ao investidor, nacional ou estrangeiro, e empregues para a realização da respectiva participação no capital social da empresa constituída ou a constituir para, através dela, se levar a cabo a implementação e exploração de um projecto de investimento;

f) Capital investido reexportável – bens e direitos que compreendem o investimento directo estrangeiro, nos termos definidos na alínea m) deste artigo, de conformidade com os valores resultantes da liquidação, em caso de extinção do empreendimento, ou do produto da alienação ou de indemnização, total ou parcial, relativo aos referidos bens ou direitos, depois de pagos os impostos e empréstimos devidos e cumpridas as demais obrigações eventualmente existentes ou previstas, nos termos da autorização concedida para a realização do respectivo projecto de investimento;
g) Empreendimento – actividade de natureza económica em que se tenha investido capital estrangeiro e/ou nacional para cuja realização e exploração haja sido concedida a necessária autorização;
h) Empresa – entidade que exerce uma actividade económica, de forma organizada e continuada, responsável para implementação de projecto de investimento e pela subsequente exploração da respectiva actividade ou actividades;
i) «Franchising» (ou franquia) – modalidade de contrato comercial através da qual o detentor (*franchisor* ou licenciador) de um dado *know-how*, marca, sigla ou símbolo comercial os cede, no todo ou em parte, a outrém e em regime de exclusividade, com ou sem garantia da respectiva assistência técnica e serviços de comercialização, obrigando-se o «*franchisee*» (ou licenciado) à realização dos investimentos necessários, ao pagamento de remuneração periódica e à aceitação do controlo do «*franchisor*» sobre a sua actividade comercial;
j) Investidor estrangeiro – pessoa singular ou colectiva que haja trazido do exterior, para Moçambique, capitais e recursos próprios ou sob sua conta e risco, com vista à realização de algum investimento directo estrangeiro, nos termos da alínea do presente artigo, em projecto previamente autorizado pela entidade competente nos termos desta Lei;
l) Investidor nacional – pessoa singular ou colectiva que tenha disponibilizado capitais e recursos próprios ou sob sua conta e risco, destinados à realização de algum investimento directo nacional, nos termos previstos na alínea n) deste artigo, num

projecto previamente autorizado pela entidade competente, de conformidade com a presente Lei;

m) Investimento directo estrangeiro – qualquer das formas de contribuição do capital estrangeiro susceptível de avaliação pecuniária, que constitua capital ou recursos próprios ou sob conta e risco do investidor estrangeiro, provenientes do exterior e destinados à sua incorporação no investimento para a realização de um projecto de actividade económica, através de uma empresa registada em Moçambique e a operar a partir do território moçambicano;

n) Investimento directo nacional – qualquer das formas de contribuição de capital nacional susceptível de avaliação pecuniária, que constitua capital ou recursos próprios ou sob conta e risco do investidor nacional, destinados à realização de projecto de investimento autorizado, tendo em vista a exploração da respectiva actividade económica através de uma empresa registada em Moçambique e a operar tendo a sua base em território moçambicano;

o) Investimento indirecto – qualquer modalidade de investimento cuja remuneração e/ou reembolso não consista, exclusivamente, na participação directa dos seus contribuintes na distribuição dos lucros finais resultantes da exploração de actividades dos projectos em que formas específicas de realização do investimento, previstas no artigo 10.º, tiverem sido aplicadas;

p) Lucros exportáveis – a parte dos lucros ou dividendos, líquidos de todas as despesas de exploração, resultantes da actividade de um projecto que envolva investimento directo estrangeiro elegível à exportação de lucros nos termos do Regulamento desta Lei, a aprovar pelo Conselho de Ministros, cuja remessa para o exterior o investidor pode efectuar sob sua livre iniciativa, assim que providenciados o pagamento dos impostos e outras obrigações devidas ao Estado e as deduções legais relativas à constituição ou reposição de fundos de reservas, bem como de reembolso de empréstimos e respectivos juros e demais obrigações eventualmente existentes para com terceiros;

q) Pessoa estrangeira – qualquer pessoa singular cuja nacionalidade não seja moçambicana, ou, tratando-se de pessoa colectiva, toda a actividade societária constituída originariamente nos termos da legislação diferente da legislação moçambicana, ou que, tendo sido constituída na República de Moçambique, nos termos da legislação moçambicana, o respectivo capital social seja detido em mais de 50% (cinquenta por cento) por pessoas estrangeiras, nos termos do número 2 deste artigo;

r) Pessoa moçambicana – qualquer cidadão de nacionalidade moçambicana ou qualquer sociedade ou instituição constituída e registada nos termos da legislação moçambicana, com sede na República de Moçambique, e na qual o respectivo capital social pertença, em pelo menos 50% (cinquenta por cento), a cidadãos nacionais ou sociedades ou instituições privadas ou públicas moçambicanas;

s) Projecto – empreendimento de actividades económica em que se pretenda investir ou se tenha investido capital estrangeiro ou nacional ou ainda a combinação de capital estrangeiro e nacional, em relação ao qual haja sido concedida a necessária autorização pela entidade competente;

t) Reinvestimento directo estrangeiro – aplicação, total ou parcial, dos lucros exportáveis resultantes da exploração das actividades de algum projecto de investimento directo estrangeiro, quer no próprio empreendimento que os produziu quer em outros empreendimentos realizados no País;

u) Reinvestimento directo nacional – aplicação, total ou parcial, dos lucros não exportáveis resultantes da exploração de actividades de algum projecto de investimento, quer essa aplicação se verifique no próprio empreendimento que os produziu quer se efectue em outros empreendimentos realizados no País;

v) Rendimentos – quaisquer quantias geradas num determinado período de exercício e exploração da actividade de um projecto de investimento, tais como lucros, dividendos, «royalities» e outras eventuais formas de remuneração associada à cedência de direitos de acesso e utilização de tecnologias e marcas registadas, bem como de juros e outras formas de retribuição de investimentos directos e indirectos com base nos resultados de exploração da actividade do respectivo projecto;

x) Zona franca industrial – área ou unidade ou série de unidades de actividade industrial, geograficamente delimitada e regulada por um regime aduaneiro específico na base do qual as mercadorias que aí se encontrem ou circulem, destinadas exclusivamente à produção de artigos de exploração, bem como os próprios artigos de exportação daí resultantes, estão isentos de todas as imposições aduaneiras, fiscais e parafiscais correlacionadas, beneficiando, complementarmente, de regimes cambial, fiscal e laboral especialmente instituídos e apropriados à natureza e eficiente funcionamento dos empreendimentos que aí operem, particularmente no seu relacionamento e cumprimento das suas obrigações comerciais e financeiras para com o exterior, assegurando-se, em contrapartida, o fomento do desenvolvimento regional e a geração de benefícios económicos em geral e, em especial, de incremento da capacidade produtiva, comercial, tributária e de geração de postos de trabalho e de moeda externa para o País;

z) Zona económica especial – área de actividade económica em geral, geograficamente delimitada e regida por um regime aduaneiro especial com base no qual todas as mercadorias que aí entrem, se encontrem, circulem, se transformem industrialmente ou saiam para fora do território nacional estão totalmente isentas de quaisquer imposições aduaneiras, fiscais e parafiscais correlacionadas, gozando, adicionalmente, de um regime cambial livre e de operações «off-shore» e de regimes fiscal, laboral e de migração especificamente instituídos e adequados à entrada rápida e eficiente funcionamento dos empreendimentos e investidores que aí pretendam ou se encontrem já a operar ou a residir, particularmente no seu relacionamento e cumprimento das suas obrigações comerciais e financeiras para com o exterior, assegurando-se, em contrapartida, a promoção do desenvolvimento regional e geração de benefícios económicos em geral e, em especial, de incremento da capacidade produtiva, comercial, tributária e de geração de posto de trabalho e de divisas para a República de Moçambique.

2. Para o cômputo da percentagem da participação no capital social, para efeitos da determinação da nacionalidade do investidor, em conformidade com as alíneas q) e r) do número anterior, ter-se-á em consideração a origem dos capitais somando-se, respectivamente, as participações das pessoas estrangeiras e das pessoas moçambicanas.

ARTIGO 2.º
(Objecto da Lei)

1. A presente Lei tem por objecto definir o quadro legal básico e uniforme do processo de realização, na República de Moçambique, de investimentos nacionais e estrangeiros elegíveis ao gozo das garantias e incentivos nela previstos.

2. Os empreendimentos cujos investimentos sejam ou tenham sido realizados sem a observância das disposições desta Lei e respectiva regulamentação não beneficiarão das garantias e incentivos nela preconizados.

ARTIGO 3.º
(Âmbito de aplicação)

1. A presente Lei aplica-se a investimentos de natureza económica que se realizem em território moçambicano e pretendam beneficiar das garantias e incentivos nela consagrados bem como aos investimentos levados a cabo nas zonas francas industriais e zonas económicas especiais, cujos processos obedeçam às disposições dos diplomas regulamentares previstos nos termos do artigo 29.º, independentemente da nacionalidade e natureza dos respectivos investidores.

2. Esta Lei não se aplica aos investimentos realizados ou a realizar nas áreas de prospecção, pesquisa e produção de petróleo, gás e indústria extrativa de recursos minerais.

3. Não são abrangidos por esta Lei os investimentos públicos financiados por fundos do Orçamento Geral do Estado, bem como os investimentos de carácter exclusivamente social.

ARTIGO 4.º
(Igualdade de tratamento)

1. No exercício das suas actividades, os investidores, empregadores e trabalhadores estrangeiros gozarão, tal como os nacionais, dos mesmos direitos e sujeitar-se-ão aos mesmos deveres e obrigações consagrados na legislação em vigor na República de Moçambique.

2. Exceptuam-se do disposto no número anterior os casos de projectos ou actividades de nacionais que, pela sua natureza como pela dimensão dos respectivos investimentos e empreendimentos, possam merecer do Estado um apoio e tratamento especiais.

ARTIGO 5.º
(Assunção de acordos internacionais)

As disposições da presente Lei não restringem as eventuais garantias, vantagens e obrigações especialmente contempladas em acordos ou tratados internacionais de que a República de Moçambique seja signatária.

ARTIGO 6.º
(Princípio básico e orientador dos investimentos)

Os investimentos abrangidos por esta Lei, independentemente da forma de que se revistam, deverão contribuir para o desenvolvimento económico e social sustentável do País e subordinar-se aos princípios e objectivos da política económica nacional e às disposições desta Lei e sua regulamentação e da demais legislação aplicável em vigor no País.

ARTIGO 7.º
(Objectivos dos investimentos)

A realização de investimentos abrangidos pela presente Lei deverá visar, nomeadamente, os seguintes objectivos:

a) a implantação, reabilitação, expansão ou modernização de infra-estruturas económicas destinadas à exploração de actividade produtiva ou à prestação de serviços indispensáveis para o apoio à actividade económica produtiva e de fomento do desenvolvimento do País;
b) a expansão e melhoria da capacidade produtiva nacional ou de prestação de serviços de apoio à actividade produtiva;
c) a contribuição para a formação, multiplicação e desenvolvimento de empresariado e parceiros empresariais moçambicanos;
d) a criação de postos de emprego para trabalhadores nacionais e a elevação da qualificação profissional da mão-de-obra moçambicana;
e) a promoção do desenvolvimento tecnológico e a elevação da produtividade e eficiência empresariais;
f) o incremento e a diversificação de exportações;
g) a prestação de serviços produtivos e de serviços geradores de divisas;
h) a redução e substituição de importações;
i) a contribuição para a melhoria do abastecimento do mercado interno e da satisfação das necessidades prioritárias e indispensáveis das populações;
j) a contribuição directa ou indirecta para a melhoria da balança de pagamentos e para o erário público.

ARTIGO 8.º
(Formas de investimento directo nacional)

O investimento directo nacional pode, isolada ou cumulativamente, assumir qualquer das formas seguintes, desde que susceptíveis de avaliação pecuniária:
a) numerário;
b) infra-estruturas, equipamentos e respectivos acessórios, materiais e outros bens;
c) cedência de exploração de direitos sobre concessões, licenças e outros direitos de natureza económica, comercial ou tecnológica;

d) cedência, em casos específicos e nos termos acordados e sancionados pelas entidades competentes, dos direitos de utilização de terra, tecnologias patenteadas e de marcas registadas, cuja remuneração se limitar à participação na distribuição dos lucros da empresa, resultantes das actividades em que tais tecnologias ou marcas tiverem sido ou forem aplicadas.

ARTIGO 9.°
(Formas de investimento directo estrangeiro)

O investimento directo estrangeiro pode revestir, isolada ou cumulativamente, qualquer das formas seguintes, desde que susceptíveis de avaliação pecuniária:

a) moeda externa livremente conversível;
b) equipamentos e respectivos acessórios, materiais e outros bens importados;
c) cedência, em casos específicos e nos termos acordados e sancionados pelas entidades competentes, dos direitos de utilização de tecnologias patenteadas e de marcas registadas e cuja remuneração se limitar à participação na distribuição dos lucros da empresa resultantes das actividades em que tais tecnologias ou marcas tiverem sido ou forem aplicadas.

ARTIGO 10.°
(Formas de investimento indirecto)

Com ressalva do disposto nas alíneas b) e c), respectivamente dos artigos 8.º e 9.º, e no n.º 2 do artigo 17.°, o investimento indirecto, nacional ou estrangeiro, compreende, isolada ou cumulativamente, as formas de empréstimos, suprimentos, prestações suplementares de capital, tecnologia patenteada, processos técnicos, segredos e modelos industriais, *franchising*, marcas registadas, assistência técnica e outras formas de acesso à utilização ou de transferência de tecnologia e marcas registadas cujo acesso à sua utilização seja em regime de exclusividade ou de licenciamento restrito por zonas geográficas ou domínios de actividade industrial e/ou comercial.

ARTIGO 11.°
(Áreas para investimentos de livre iniciativa privada)

Constituem áreas abertas à livre iniciativa de investimentos privados todas as actividades económicas que não estejam expressamente reservadas à propriedade ou exploração exclusivas do Estado ou à iniciativa de investimentos do sector público.

ARTIGO 12.°
(Áreas reservadas à iniciativa do sector público)

O Conselho de Ministros definirá as áreas de actividade económica reservadas à iniciativa do sector público para a realização de investimentos, com ou sem envolvimento da participação do sector privado, definindo ainda as percentagens de participação de investimento privado, nacional e estrangeiro.

CAPITULO II
Garantias e Incentivos Fiscais

ARTIGO 13.°
(Protecção dos direitos de propriedade)

1. O Estado garante a segurança e protecção jurídica da propriedade sobre os bens e direitos, incluindo os direitos de propriedade industrial compreendidos no âmbito dos investimentos autorizados e realizados de conformidade com esta lei e respectiva regulamentação.

2. Com fundamento em ponderosas razões de interesse nacional, saúde e ordem públicas, a nacionalização ou expropriação de bens e direitos que constituam investimento autorizado e realizado nos termos desta Lei será objecto de indemnização justa e equitativa.

3. Decorridos mais de noventa dias sem que as eventuais reclamações submetidas pelos respectivos investidores, nos termos a regulamentar pelo Conselho de Ministros, tenham sido solucio-

nados e quando desse facto tenham resultado prejuízos de ordem financeira decorrentes da imobilização dos capitais investidos, os referidos investidores terão direito a uma remuneração justa e equitativa pelos prejuízos incorridos por explícita responsabilidade de instituições do Estado.

4. A avaliação de bens ou direitos nacionalizados ou expropriados bem como de prejuízos de ordem financeira sofridos por investidores por explícita responsabilidade de instituições do Estado, para efeitos de determinação do valor de indemnização ou remuneração previstas nos n.os 1 e 2 deste artigo será efectuada no prazo de noventa dias por uma comissão especialmente constituída para esse efeito ou por uma empresa de auditoria de idoneidade e competência reconhecidas.

5. O pagamento da indemnização ou remuneração referidas nos números anteriores terá lugar no prazo de noventa dias contados a partir da data da aceitação, pelo órgão do Estado competente, da avaliação efectuada nos termos do número anterior. O tempo de apreciação para efeitos de tomada de decisão sobre a avaliação efectuada e apresentada ao órgão competente do Estado não deverá exceder quarenta e cinco dias contados a partir da data da entrega e recepção do *dossier* de avaliação.

ARTIGO 14.°
(Transferência de fundos para o exterior)

1. O Estado garante, de acordo com as condições fixadas na respectiva autorização ou outros instrumentos jurídicos pertinentes ao investimento, a transferência para exterior de:
a) lucros exportáveis resultantes de investimento elegíveis à exportação de lucros nos termos da regulamentação desta Lei;
b) *royalities* ou outros rendimentos de remuneração de investimentos indirectos associados à cedência ou transferência de tecnologia;
c) amortizações e juros de empréstimos contraídos no mercado financeiro internacional e aplicados em projectos de investimentos realizados no País;

d) produto de indemnização nos termos do n.º 2 do artigo anterior;
e) capital estrangeiro investido e reexportável, independentemente da elegibilidade ou não do respectivo projecto de investimento à exportação de lucros, nos termos da regulamentação da presente Lei.

2. A efectivação das transferências referidas no número anterior observará as formalidades fixadas no artigo seguinte.

ARTIGO 15.°
(Formalidades para transferências para o exterior)

1. Em harmonia com a definição contida na alínea p) do número 1 do artigo 1.°, satisfeitas as obrigações fiscais aplicáveis, os investidores estrangeiros que tiverem realizado investimentos autorizados nos termos desta Lei e respectiva regulamentação, poderão, mediante a observância das formalidades cambiais aplicáveis, transferir para o exterior até à totalidade dos lucros que lhes couberem em cada exercício económico.

2. O documento de quitação comprovativo da realização do investimento e do cumprimento das obrigações fiscais, para efeitos de transferência de lucros, será passado pelo Ministério das Finanças no prazo de trinta dias contados a partir da data da apresentação do respectivo pedido.

3. As transferências do capital reexportável ou do produto de indemnização ou remuneração previstas nos termos do artigo precedente serão efectuadas em prestações escalonadas num período não superior a cinco anos e por forma a evitarem-se perturbações na balança de pagamentos.

4. As transferências de lucros exportáveis, bem como do capital investido reexportável, processar-se-ão na moeda convertível da opção do investidor, em conformidade com o disposto nesta Lei e respectiva regulamentação e no documento de autorização de cada projecto específico.

5. Com observância do disposto no número seguinte, as transferências previstas nos termos do estatuído na presente Lei e sua regulamentação efectivar-se-ão assim que tenham sido efectuadas:
a) a constituição ou reposição do fundo de reserva legal;
b) a liquidação dos impostos devidos;
c) a tomada de providências necessárias ao pagamento corrente das prestações de capital e juros relativos a empréstimos contraídos para a realização do empreendimento;
d) a provisão adequada para se garantir o cumprimento das prestações de capital e juros a vencer antes da ocorrência de novos fundos suficientes para cobertura de tais responsabilidades.

6. A transferência de lucros exportáveis, em cada exercício económico, será prontamente assegurada sempre que o saldo positivo em divisas produzido pelo empreendimento ou pelo conjunto de empreendimentos levados a cabo pelo mesmo investidor ou grupo de investidores estrangeiros associados permitir a necessária cobertura.

7. Verificando-se a insuficiência de fundo cambial para a cobertura dos lucros a exportar em um dado exercício económico por projecto que não produza saldo positivo em moeda externa, o remanescente transitará, para efeitos da sua transferência, para o exercício ou exercícios económicos seguintes.

8. A transferência de lucros exportáveis gerados por um investimento estrangeiro que demonstrar a substituição e redução efectivas de importações ou comprovar o aforro de divisas ao País e não apresentar fundos em moeda externa que assegure a cobertura dessa transferência, será autorizada e efectuada em condições a acordar com o respectivo investidor estrangeiro.

9. A transferência do capital reexportável processar-se-á nos termos dos números 3 e 4 deste artigo e proporcionalmente à participação do investimento directo estrangeiro nos capitais próprios do respectivo empreendimento, com base no valor do produto da liquidação, alienação ou indemnização, totais ou parciais, desse empreendimento ou, ainda, se findo o prazo de autorização do investimento directo estrangeiro sem que se verifique a sua renovação.

ARTIGO 16.º
(Incentivos)

1. Em complemento das garantias de propriedade e de transferências de fundos para o exterior consagrados nos artigos 13.º a 15.º precedentes, o Estado garante a concessão dos incentivos fiscais e aduaneiros a serem definidos no Código dos Benefícios Fiscais para Investimentos em Moçambique, realizados em conformidade com a presente Lei e sua regulamentação.

2. O direito ao gozo dos incentivos concedidos nos termos do número anterior é irrevogável durante a vigência do respectivo prazo que for previsto no Código dos Benefícios Fiscais para Investimentos em Moçambique, desde que não se alterem os condicionalismos que tiverem fundamentado a sua concessão.

3. Compete ao Conselho de Ministros aprovar, por decreto, o Código dos Benefícios Fiscais a que se referem os números anteriores.

CAPITULO III
Financiamento e operações cambiais

ARTIGO 17.º
(Financiamento do investimento directo)

1. O investimento directo em projectos a realizar no País ao abrigo da presente Lei e sua regulamentação será financiado por capitais próprios disponibilizados pelos respectivos investidores.

2. Consideram-se parte do investimento directo os valores financiados com recurso aos suprimentos e/ou prestações suplementares de capital disponibilizado pelos investidores e cuja remuneração não assuma a forma de cobrança de juros sobre o empreendimento em que forem aplicados.

ARTIGO 18.°
(Acesso ao crédito interno)

As empresas constituídas com a participação de investimento directo estrangeiro poderão beneficiar de acesso ao crédito interno, nos mesmos termos e condições aplicáveis às empresas moçambicanas, e de conformidade com a legislação vigente no País.

ARTIGO 19.°
(Alocação de moeda externa)

1. Para os empreendimentos de actividades geradoras de divisas, o Banco de Moçambique poderá, mediante a apresentação pelas respectivas empresas de planos anuais das suas necessidades cambiais, autorizar a retenção, em conta de moeda externa, de uma parte das receitas que forem sendo pelos mesmos geradas.

2. Para os casos não abrangidos pelo número anterior adoptar-se-ão mecanismos apropriados para cada caso tendo em conta o interesse económico e importância social de cada empreendimento.

ARTIGO 20.°
(Operações cambiais)

As operações cambiais e a conversão da moeda externa para a moeda local e vice-versa processar-se-ão em conformidade com a legislação e normas vigentes no País sobre a matéria.

CAPITULO IV
Autorização e registo

ARTIGO 21.°
(Tomada de decisão sobre projectos de investimentos)

1. A realização, no País, de projectos de investimentos elegíveis ao gozo das garantias e incentivos previstos nos termos desta Lei carece de autorização de entidades governamentais competentes.

2. O Governo estabelecerá, em regulamento, os níveis de competência para tomada de decisão sobre projectos de investimentos por entidades governamentais.

3. O Conselho de Ministros regulamentará os prazos a observar para tomada de decisão sobre as propostas de investimentos, bem como os procedimentos a seguir quando determinada proposta não for decidida pela entidade competente dentro do prazo estipulado.

4. Competirá ainda ao Conselho de Ministros regulamentar as situações em que poderão ocorrer alterações ou a revogação de autorizações concedidas para a realização de projectos de investimentos em território nacional.

ARTIGO 22.°
(Registo do investimento directo estrangeiro)

1. O investidor estrangeiro deverá, no prazo de cento e vinte dias contados a partir da notificação da decisão, proceder ao registo do seu empreendimento como investimento directo estrangeiro junto da entidade licenciadora de importação de capitais, bem como ao registo de cada operação efectiva de importação de capitais que realizar.

2. A não efectuação dos registos estipulados neste artigo poderá determinar o não reconhecimento do direito à exportação do capital investido.

3. Os registos preconizados neste artigo far-se-ão sem prejuízo da verificação e confirmação, nos termos previstos na regulamentação desta Lei, dos valores declarados para efeitos do respectivo registo.

ARTIGO 23.°
(Cedência de posição ou direitos de investidor)

1. O investidor poderá ceder, no todo ou em parte, a sua posição ou direitos sobre um investimento ou a sua participação no respec-

tivo capital, mediante pedido expresso devidamente fundamentado dirigido ao Ministro do Plano que deverá dar entrada no Centro de Promoção de Investimentos, ou do seu delegado provincial.

2. O cedente deverá indicar, no seu pedido, além da identificação do cessionário, as eventuais condições acordadas em conexão com a cedência da posição ou direitos em causa.

3. Sendo o cedente, de todo ou de parte da sua posição no investimento ou capital social, um investidor estrangeiro, o mesmo poderá solicitar a transferência para o exterior do produto dessa alienação, assim que satisfeitas as eventuais obrigações fiscais incidentes sobre as mais-valias que, porventura, tiverem lugar na operação da alienação, acima do montante do capital efectivamente investido.

4. O cessionário só poderá gozar das garantias e incentivos previstos nesta Lei se a cessão tiver sido autorizada, efectuada e registada nos termos do artigo 22.º, e durante a vigência da autorização do respectivo empreendimento.

ARTIGO 24.º

(Sancionamento e registo de investimentos indirectos)

1. A realização de qualquer investimento indirecto estrangeiro, contemplado nos termos da presente Lei e sua regulamentação, carece de sancionamento prévio pela entidade competente.

2. Para efeitos do disposto no número anterior, é entidade competente:

a) o Banco de Moçambique, para os investimentos que assumirem a forma de empréstimos associados a investimento directo, com ou sem envolvimento de investimento directo estrangeiro;

b) a entidade responsável, nos termos da lei, pelo registo de cada uma das demais formas de investimento indirecto estrangeiro, desde que proveniente do exterior ou de outra proveniência equiparável.

3. É condição necessária para a elegibilidade de qualquer das modalidades previstas no artigo 10.º, para a sua consideração como investimento indirecto aplicado em projecto autorizado em conformidade com esta Lei e sua regulamentação, que a respectiva forma de investimento tenha, subsequentemente, sido objecto de sancionamento e registo junto da entidade moçambicana competente, nos termos do artigo anterior.

CAPITULO V
Disposições diversas

ARTIGO 25.º
(Resolução de diferendos)

1. Os eventuais diferendos relativos à interpretação e aplicação da presente Lei e sua regulamentação, que não possam ser solucionados por via amigável ou negocial, serão submetidos, para resolução, às entidades judiciais competentes, em conformidade com a legislação moçambicana.

2. Os diferendos entre o Estado e investidores estrangeiros concernentes a investimentos autorizados e realizados no País, que não puderem ser solucionados nos termos previstos no número anterior, serão, salvo acordo em contrário, resolvidos por arbitragem, com possível recurso, mediante a prévia concordância expressa de ambas as partes, a:

a) regras da Convenção de Washington, de 15 de Março de 1965, sobre a Resolução de Diferendos Relativos a Investimentos entre Estados e Nacionais de outros Estados, bem como do respectivo Centro Internacional de Resolução de Diferendos Relativos a Investimentos entre Estados e Nacionais de outros Estados;

b) regras fixadas no Regulamento do Mecanismo Suplementar, aprovado a 27 de Setembro de 1978 pelo Conselho de Administração do Centro Internacional para Resolução de Diferendos Relativos a Investimentos, se a entidade estrangeira não preencher as condições de nacionalidade previstas no artigo 25.º da Convenção;

c) regras de arbitragem da Câmara de Comércio Internacional, com sede em Paris.

ARTIGO 26.°
(Protecção do meio ambiente)

1. Os investidores, e subsequentemente as respectivas empresas, deverão, no processo de elaboração, implementação e exploração dos respectivos projectos, providenciar o estudo e avaliação do impacto ambiental e dos problemas de poluição e sanidade susceptíveis de resultar das actividades, desperdícios e/ou resíduos dos seus empreendimentos, incluindo os efeitos potenciais e outras eventuais implicações sobre os recursos florestais, geológicos e hídricos, tanto nas suas áreas de concessão como na periferia das áreas de implementação e exploração desses empreendimentos.

2. Caberá às mesmas empresas e investidores a tomada de medidas apropriadas para a prevenção e minimização dos problemas ambientais, em especial dos que tiverem já sido identificados no estudo de avaliação do impacto ambiental referido no número precedente, e em conformidade com as normas e instruções emanadas das entidades competentes neste domínio, de alguma disposição legal ou nos termos especificados na autorização concedida para a realização do projecto ou na licença emitida para o exercício da actividade.

3. As actividades com níveis de poluição, e contaminação susceptíveis de alterar e afectar negativamente o meio ambiente ou a saúde pública sujeitar-se-ão às limitações impostas pela legislação e determinações emanadas das entidades competentes, assim como às normas e eventuais acordos internacionais sobre a matéria, relativamente aos quais Moçambique seja signatário.

ARTIGO 27.°
(Projectos de investimentos anteriores)

1. A presente Lei e sua regulamentação não se aplicam aos investimentos autorizados antes da sua entrada em vigor, os quais

continuam, até ao respectivo termo, a ser regidos pelas disposições da legislação e dos termos ou contratos específicos através dos quais a autorização de realização de cada projecto, no País, tiver sido concedida.

2. Os projectos de investimentos submetidos para análise e aprovação até à entrada em vigor desta Lei, serão analisados e decididos nos termos da Lei n.º 4/84, de 18 de Agosto, ou da Lei n.º 5/87, de 19 de Janeiro, consoante o caso, salvo se os proponentes optarem e solicitarem, expressamente, a aplicação da presente Lei.

ARTIGO 28.º
(Regularização de investimentos estrangeiros não registados)

1. Os investidores com projectos que envolvam investimento directo estrangeiro autorizado nos termos da Lei n.º 4/84 de 18 de Agosto, e respectivo Regulamento, que se encontrem em processo de implementação ou dentro do prazo estabelecido na respectiva autorização para o início da sua implementação, mas que não tiverem ainda sido objecto de registo nos termos do disposto no artigo 22º, deverão efectuar o seu registo junto do Ministério do Plano e Finanças, no prazo de cento e oitenta dias contados a partir da data da entrada em vigor da presente Lei.

2. A não observância do disposto no número anterior poderá determinar a revogação da autorização concedida, cessando, por consequência, o reconhecimento e os compromissos assumidos pelo Governo em relação aos referidos investimentos ao abrigo da Lei n.º 4/84, de 18 de Agosto e respectivo Regulamento.

ARTIGO 29.º
(Regulamentação)

O Conselho de Ministros aprovará os diplomas regulamentares da presente Lei.

ARTIGO 30.º
(Disposição final)

Ficam revogadas as disposições da Lei n.º 4/84, de 18 de Agosto, e da Lei n.º 5/87, de 19 de Janeiro, no que contrariem o disposto na presente Lei.

Aprovada pela Assembleia da República

O Presidente da Assembleia, *Marcelino dos Santos*

Promulgada aos 24 de Junho de 1993.

Publique-se.

O Presidente da República, *JOAQUIM ALBERTO CHISSANO.*

2

REGULAMENTAÇÃO DA LEI DO INVESTIMENTO

Decreto n.º 14/93 de 21 de Julho

A aprovação e entrada em vigor da Lei n.º 4/84, de 18 de Agosto e da Lei n.º 5/87, de 30 de Janeiro, bem como dos Regulamentos respectivos, marcaram um passo importante na definição dos quadros legal e regulamentar orientadores do processo de realização de investimentos estrangeiros e nacionais na República de Moçambique.

Os ensinamentos e experiências entretanto adquiridos até à presente data, tanto no processo da aplicação prática da referida legislação como na implementação das actividades de promoção e realização de investimentos no País, suscitaram a necessidade de revisão e adequação da legislação, sua regulamentação, simplificação e uniformização dos procedimentos adoptados para apreciação, aprovação e acompanhamento dos processos de investimentos estrangeiros e nacionais.

Nestes termos, aprovada a nova legislação sobre investimentos nacionais e estrangeiros no País, e com vista ao estabelecimento do respectivo quadro regulamentar, ao abrigo do artigo 29.º da Lei n.º 3/93, de 24 de Junho, o Conselho de Ministros decreta:

ARTIGO 1.º. É aprovado o Regulamento da Lei n.º 3/93, de 24 de Junho, a Lei de Investimentos, o qual constitui parte integrante deste decreto.

ARTIGO 2.º. Ficam revogadas as disposições do Regulamento dos Processos de Investimentos Nacionais e do Regulamento do Investimento Directo Estrangeiro, aprovados, respectivamente, pelos Decretos n.ºs 7 e 8/87, ambos de 30 de Janeiro.

ARTIGO 3.º. O presente decreto entra imediatamente em vigor.

Aprovado pelo Conselho de Ministros.

Publique-se.

O Primeiro-Ministro, *Mário Fernandes da Graça Machungo.*

REGULAMENTO DA LEI DE INVESTIMENTOS

ARTIGO 1.º
(Objecto)

O presente Regulamento tem por objecto:

a) a indicação do órgão de coordenação dos processos de investimentos e criação da instituição que se dedicará à promoção de investimentos e prestação de assessoria a órgãos do Governo em matérias de investimentos;

b) a definição das áreas de actividade reservadas ao sector público para a realização de investimentos, com ou sem envolvimento da participação do sector privado;

c) a fixação do valor mínimo de investimento directo exigido em projectos de investimentos, bem como o estabelecimento de regras de determinação do valor real dos investimentos efectuados;

d) a estipulação das regras e prazos de apresentação, análise, apreciação e tomada de decisão, bem como de acompanhamento e verificação dos processos de realização de projectos de investimentos;

e) a definição dos níveis de competência e prazos para a tomada de decisão sobre projectos de investimentos, os procedimentos a seguir quando as propostas não sejam decididas dentro do prazo estipulado;
f) o estabelecimento de normas para emissão de certificados de investimento e para introdução de alterações nas autorizações concedidas bem como para a revogação destas; e
g) a institucionalização das regras de comunicação e correspondência e de resolução de eventuais reclamações em conexão com matérias de investimentos.

ARTIGO 2.º
(Âmbito de aplicação)

As disposições contidas neste Regulamento aplicam-se às iniciativas e projectos de investimentos submetidos, decididos e realizados ao abrigo da Lei n.º 3/93, de 24 de Junho.

ARTIGO 3.º
(Coordenação de processos de investimentos)

Compete ao Ministro do Plano e Finanças assegurar a coordenação de todos os processos de investimentos regidos pela Lei n.º 3/93, de 24 de Junho, e pelo presente Regulamento.

ARTIGO 4.º
(Centro de Promoção de Investimentos)

1. Para assessorar o Ministro do Plano e Finanças e assegurar a implementação do disposto na Lei n.º 3/93, de 24 de Junho, e neste Regulamento, desenvolvendo as acções de coordenação dos processos de promoção, análise, acompanhamento e verificação de investimentos realizados ao abrigo dos referidos diplomas, é criado o Centro de Promoção de Investimentos.

2. O Centro de Promoção de Investimentos subordina-se directamente ao Ministro do Plano e Finanças e rege-se por Estatuto próprio aprovado pelo Conselho de Ministros.

ARTIGO 5.º
(Áreas reservadas para o sector público)

1. Sem prejuízo do estabelecido no artigo 4.º da Lei n.º 15/91, de 3 de Agosto, e outras leis específicas, compreendem áreas de actividade reservadas ao sector público para a realização de investimentos com ou sem envolvimento da participação do sector privado, as seguintes:

a) produção de energia eléctrica para consumo público nos termos da legislação específica sobre a matéria;
b) [...] (1)
c) exploração de serviços de correios e dos serviços públicos de telecomunicações;
d) [...] (2)
e) produção, distribuição e comercialização de armas e munições.

4. Perante circunstâncias que o justifiquem, os Ministros e Secretários de Estado de tutela poderão propor ao Conselho de Ministros a alteração do elenco das áreas referidas no n.º 1 deste artigo, produzindo efeitos a alteração adoptada somente a partir da data da sua entrada em vigor.

ARTIGO 6.º (3)
(Valor mínimo de investimento directo)

1. Para efeitos do presente Regulamento e da Lei n.º 3/93, de 24 de Junho, o valor mínimo de investimento directo nacional, realizado com capitais próprios dos respectivos investidores, é fixado no equivalente ao contravalor, em moeda nacional, de cinco mil dólares norte-americanos.

---

(1) Revogada pelo Decreto 75/98, de 28 de Dezembro.
(2) Revogada pelo Decreto n.º 16/2002, de 27 de Junho.
(3) Redacção dada pelo Decreto n.º 36/95, de 8 de Agosto, publicado no *Boletim da República* n.º 40, de 4 de Outubro.

2. Para efeitos específicos de transferência de lucros para o exterior, nos termos da alínea a) do n.º 1 do art.º 14 e demais disposições aplicáveis da Lei n.º 3/93, de 24 de Junho, e deste Regulamento, o valor mínimo do investimento directo estrangeiro elegível à exportação de lucro resultante do aporte de capitais próprios de investidores estrangeiros, é fixado em cinquenta mil dólares norte-americanos.

3. O Conselho de Ministros poderá proceder a ajustamentos dos valores mínimos de investimento directo fixados nos números anteriores produzindo efeitos qualquer alteração adoptada somente a partir da data da sua entrada em vigor.

ARTIGO 7.º
(Determinação do valor do investimento directo nacional)

1. O valor real do investimento directo nacional realizado, para efeitos de registo e da legitimidade ao gozo das garantias e incentivos fiscais e aduaneiros previstos nos termos da Lei n.º 3/93, de 24 de Junho, será constituído pela soma dos valores de capitais próprios, incluindo os suprimentos e/ou prestações suplementares de capital disponibilizados nos termos do n.º 2 do artigo 17.º da referida Lei, que tiverem sido efectivamente aplicados em projecto de investimento autorizado.

2. A prova de aplicação efectiva do investimento directo nacional, em empreendimento autorizado pela entidade competente e realizado no País, será produzida pelo respectivo investidor através de registos devidamente organizados e confirmados através de documentos comprovativos emitidos ou visados pelas entidades competentes em matérias específicas, consoante a natureza ou a forma de realização desses capitais ou do respectivo investimento.

ARTIGO 8.º
(Determinação do valor do investimento directo estrangeiro)

1. O valor real do investimento directo estrangeiro realizado, para efeitos de registo e de elegibilidade às garantias e incentivos estabelecidos para os investidores estrangeiros, bem como para efeitos de transferência para o exterior de lucros exportáveis e da

repatriação do capital reexportável, será constituído pela soma dos valores de capitais próprios, incluindo os suprimentos e/ou prestações suplementares de capital disponibilizados nos termos do n.º 2 do artigo 17.º da Lei n.º 3/93, de 24 de Junho, que tiverem entrado no País e sido efectivamente aplicados em projecto de investimento, bem como de lucros exportáveis que tiverem sido reinvestidos no País, e registados junto da entidade competente, na República de Moçambique.

2. A prova de entrada efectiva do investimento directo estrangeiro, em empreendimento devidamente autorizado e realizado no País, será produzida pelo respectivo investidor estrangeiro através de registos devidamente organizados e confirmados através de documentos comprovativos, emitidos ou visados, na República de Moçambique, pelas autoridades alfandegárias e instituições bancárias, consoante a natureza ou a forma de realização do respectivo investimento.

3. Se o investimento directo estrangeiro revestir a forma de equipamentos, maquinaria e outros bens materiais importados, os respectivos valores de investimento serão considerados, para efeitos do disposto neste artigo, a preços F.O.B., salvo se o transporte e o seguro tiverem sido efectuados através de empresas moçambicanas e os respectivos pagamentos sido efectuados em moeda externa e terem dado entrada efectiva em território moçambicano.

4. O Ministério ou Secretaria de Estado que superintende o sector de actividade em que se realize o investimento, em coordenação com o Centro de Promoção de Investimentos, o Ministério do Comércio e a Direcção Nacional das Alfândegas, poderá determinar que uma equipa técnica ou entidade idónea e especializada na matéria proceda à avaliação e supervisão dos preços, valor, qualidade e especificações dos equipamentos, maquinaria, bens e materiais importados e destinados à incorporação e realização do investimento num projecto autorizado, e bem assim das mercadorias importadas e necessárias à exploração da actividade do projecto.

5. Se na avaliação a que alude o número anterior se apurar ter havido situações de sobrefacturação dos bens avaliados, os investi-

dores pagarão as despesas de avaliação, sem prejuízo da aplicação de sanções previstas nos termos da lei.

ARTIGO 9.°
(Apresentação das propostas)

As propostas de investimento, devidamente elaboradas em formulário próprio, deverão ser apresentadas em três exemplares ao Centro de Promoção de Investimentos, ou ao respectivo delegado provincial, acompanhadas da documentação aplicável prevista nos artigos 10.° e 11.° seguintes, consoante o caso.

ARTIGO 10.°(1)
(Documentação acompanhante das propostas)

1. A apresentação das propostas de investimentos deverá ser acompanhada da seguinte documentação:

a) referências bancárias relativas ao(s) investidor(es) proponente(s);
b) documentos comprovativos da existência legal dos proponentes, tratando-se de pessoas colectivas;
c) relatórios e balanços de contas do último exercício económico, bem como eventuais catálogos, brochuras e outras publicações ilustrativas da actividade exercida pelos proponentes;
d) «*curriculum vitae*», e certidão de registo criminal da pessoa ou pessoas principais que serão responsáveis pela implementação e exploração do projecto;
e) proposta do projecto de estatutos da empresa a constituir e a registar em Moçambique para, através dela, levar-se a cabo a implementação do projecto proposto e a exploração da respectiva actividade, nos casos em que a empresa implementadora não tenha ainda existência legal;
f) a proposta de eventuais alterações a introduzir no respectivo pacto social, tratando-se de sociedade já constituída;
g) contrato de associação entre os parceiros, quando exista.

(1) Redacção dada pelo Decreto n.º 36/95, já citado.

2. A apresentação das propostas que envolvam investimentos indirectos, deverá incluir, adicionalmente, os seguintes elementos:

a) o título de registo de propriedade ou do direito de exclusividade de acesso ou de utilização da forma específica de investimento indirecto em consideração, com a indicação do respectivo período de validade;

b) proposta de contrato ou outro documento válido que estabeleça as formas, modalidades e condições aplicáveis à utilização ou aplicação da forma de investimento indirecto em questão.

3. As pessoas colectivas estrangeiras que pretendam realizar investimento através de estabelecimento de filial, sucursal ou agência, em Moçambique, para além dos elementos aplicáveis referidos nos números anteriores deverão ainda apresentar:

a) o documento legal que comprove a existência e o objecto social da empresa ou instituição de cuja filial, sucursal ou agência se pretende estabelecer em Moçambique;

b) a indicação do capital próprio de constituição do estabelecimento, filial, sucursal ou agência a abrir e a operar em Moçambique, com a indicação explícita da respectiva forma de realização;

c) a acta deliberativa da criação da filial, sucursal ou agência, devidamente traduzida para a língua portuguesa, inglesa ou francesa e legalizada.

ARTIGO 11.º[1]
(Investimentos com aumentos e/ou oferta de partes sociais)

1. As propostas de investimentos que envolvam aumentos de capital, oferta ou aquisições de partes sociais deverão ser acompanhadas da seguinte documentação complementar:

---

[1] Redacção dada pelo Decreto n.º 36/95, já citado.

a) projecto ou informação que fundamentem a necessidade económica ou legal do aumento do capital social e da participação de investimento directo estrangeiro;
b) fotocópia da acta da assembleia geral, ou outro órgão competente nos termos dos respectivos estatutos, que comprove a deliberação tomada para se proceder ao aumento do capital social em vista;
c) cópia autenticada do certificado de registo comercial e fiscal da empresa que será objecto da realização do investimento;
d) balanço e contas de resultados referentes aos últimos dois exercícios económicos, excepto quando a sociedade exista há menos tempo;

2. Tratando-se de sociedades por acções deverão os proponentes, adicionalmente, indicar:
a) o valor nominal e o número das acções a emitir, formas da sua subscrição, preço de emissão e modalidades de realização;
b) eventuais direitos ou privilégios de que beneficiarão as novas acções a emitir e os accionistas participantes no aumento do capital, bem como o número de acções a subscrever e as formas e data(s) de realização das respectivas participações.

3. Nas sociedades por quotas, deverá, complementarmente, ser fornecida a identificação dos sócios que participarão no aumento do capital bem como os valores e formas de realização das respectivas participações e prazos previstos para a sua realização.

ARTIGO 12.º [1]
(Verificação da conformidade das propostas)

1. O Centro de Promoção de Investimentos, ou o respectivo delegado provincial, deverá no acto da recepção, verificar a conformidade de cada proposta e demais documentação apresentadas na base de formulário próprio.

2. A verificação da conformidade de propostas de investimentos deverá incidir essencialmente sobre os seguintes aspectos:

([1]) Redacção dada pelo Decreto n.º 36/95, já citado.

a) prossecução de pelo menos oito dos objectivos dos investimentos, em Moçambique, previstos no artigo 7.º da Lei n.º 3/93, de 24 de Junho;
b) capacidade e disponibilidade de recursos financeiros necessários para a realização e arranque da exploração do projecto de investimento proposto;
c) capacidade, experiência e caracterização empresarial e/ou técnica dos proponentes (ou por eles providenciada) para se garantir a implementação e exploração técnica do projecto;
d) balanço positivo da rentabilidade e fluxo de caixa previsto na proposta do projecto;
e) implicações de ordem política, económica, financeira, ambiental ou de outra natureza;
f) providências tomadas (ou a tomar) para se garantir a disponibilidade de:
   - terreno necessário para o projecto;
   - instalações (próprias ou a arrendar);
   - equipamentos (existentes ou a adquirir);
   - estrutura lógica de pessoal previsto para a direcção, gestão, operários, executivos, auxiliares e sazonais (existente ou a recrutar);
g) observância da lei e dos princípios básicos de política económica nacional e de políticas e estratégias do respectivo projecto de investimento.

3. Verificada a conformidade de cada proposta, o Centro de Promoção de Investimentos deverá proceder ao registo do respectivo projecto de investimento.

ARTIGO 13.º [1]
(Articulação Inter-institucional)

1. Após a verificação das propostas de investimentos, o Centro de Promoção de Investimentos deverá, no prazo máximo de sete dias úteis após a recepção, assegurar a necessária articulação junto do organismo de tutela e do Governo Provincial ou Conselho

[1] Redacção dada pelo Decreto n.º 36/95, já citado.

Executivo da Cidade em cuja área o projecto se localizar, com vista à criação de condições práticas para permitir o início da implementação do projecto.

2. Para efeitos do disposto no número anterior, o dirigente máximo de cada organismo de tutela, o Ministério do Plano e Finanças (Alfândegas e Impostos) e o Governo Provincial ou Conselho Municipal de Cidade designará o respectivo representante, e seu substituto, que deverá assegurar a articulação inter-institucional junto do Centro de Promoção de Investimentos.

3. Independentemente dos motivos que possam ser evocados, a falta de tomada de posição, reacção ou ponto de vista no prazo fixado no n.º 1 deste artigo, do representante ou seu substituto designados nos termos do número anterior, o CPI e o órgão decisório competente deverá considerar a posição favorável tácita tomada por esse representante ou seu substituto em relação à proposta de autorização da realização do projecto a ele submetida para, sobre ela, se pronunciar.

ARTIGO 14.º ([1])

(Proposta de autorização)

1. Efectuada a verificação sobre cada proposta de investimento, o Centro de Promoção de Investimentos preparará a proposta de autorização a submeter à consideração e decisão da entidade decisória competente.

2. A proposta de autorização deverá compreender o projecto de despacho do Governador de Província, despacho ministerial ou resolução interna do Conselho de Ministros e os Termos Específicos da Autorização aplicáveis ao projecto em causa, devendo estes, de entre outros, incluir:

a) a identificação dos investidores proponentes;
b) a designação e objecto do projecto e dos bens e/ou serviços a realizar, com especificação das metas e resultados a atingir;

([1]) Redacção dada pelo Decreto n.º 36/95, já citado.

c) a localização e âmbito de actuação do projecto;
d) o regime da autorização da concessão ou licença de exploração de recursos naturais e da utilização das instalações e, eventualmente, os respectivos equipamentos;
e) o valor e a forma de remuneração do uso e aproveitamento dos recursos e outros bens referidos na alínea anterior;
f) a natureza, valores e formas de realização do investimento;
g) a natureza jurídica da empresa a constituir ou a estabelecer para a realização do projecto, eventuais sócios ou parceiros e repartição das participações entre si, o respectivo capital e as formas e montantes da sua realização;
h) o regime de importação e exportação e a natureza de mercadorias e serviços a importar e/ou a exportar;
i) o número e categorias de trabalhadores nacionais e estrangeiros a empregar e os programas de formação técnico-profissional de trabalhadores moçambicanos;
j) os incentivos a conceder e o regime de exportação de lucros dos investidores estrangeiros;
l) o prazo do início da implementação do empreendimento ou de cada uma das suas fases, quando a respectiva implementação tiver de ser levada a cabo de forma faseada;
m) dimensão e disponibilidade de terra requerida para a implementação e exploração do projecto, com informação favorável da Direcção Nacional de Geografia e Cadastro ou do Conselho Executivo, consoante o caso;
n) outras condições cuja fixação, na autorização, se julgar ser relevante.

ARTIGO 15.° [1]
(Competências e prazos para tomada da decisão sobre Investimentos)

1. A tomada de decisão de autorização para a realização no País de propostas de investimento recebidas compete:

[1] Redacção dada pelo Decreto n.º 36/95, já citado.

a) ao Governador da Província, no prazo máximo de três dias úteis após a recepção de cada proposta, a realização de projectos de investimento nacionais de valores iguais ou superiores aos contravalores de cinco mil dólares norte-americanos até cem mil dólares norte americanos;
b) ao Ministro do Plano e Finanças, no prazo de três dias úteis após a recepção de cada proposta, a realização de projectos de investimento elegíveis à exportação de lucros e propostas de investimentos nacionais, contando que o valor total envolvido em cada projecto em causa não exceda o equivalente a cem milhões de dólares norte-americanos; e
c) ao Conselho de Ministros, no prazo de dez dias úteis após a recepção de cada proposta, a realização de:
   i) projectos de investimentos cujos valores sejam superiores ao equivalente a US $100 milhões;
   ii) projectos que requeiram concessões de terras de áreas iguais ou superiores a 5000 ha para fins agrícolas e 10 000 ha para fins pecuários e florestais;
   iii) qualquer outro projecto com previsíveis implicações sérias de ordem política, social, económica, financeira ou outra natureza, cuja ponderação e tomada de decisão devam caber ao Conselho de Ministros.

2. Ponderada a complexidade ou implicações de carácter político, financeiro, económico, social ou de outra natureza, o CPI poderá submeter propostas da competência das entidades referidas nas alíneas a) a c) do número anterior à consideração do Ministro do Plano e Finanças para o seu encaminhamento à decisão do Primeiro-Ministro.

ARTIGO 16.° ([1])
(Confirmação da autorização tácita)

1. Decorridos que sejam mais de três ou de dez dias úteis, contados a partir da data de submissão da proposta de investimento, nos termos previstos nas alíneas a) e b) e na alínea c), respectiva-

([1]) Redacção dada pelo Decreto n.º 36/95, já citado.

mente do n.º 1 do artigo anterior sem que tenha sido tomada decisão sobre a respectiva proposta, o Centro de Promoção de Investimentos deverá confirmar a autorização tácita concedida pelo órgão decisório competente em causa para a realização do investimento nos precisos termos da proposta submetida a esse órgão para a tomada de decisão.

2. É nula e de nenhum efeito qualquer outra decisão tomada na mesma data ou em data posterior à confirmação da autorização tácita concedida e confirmada nos termos do disposto no número precedente.

ARTIGO 17.º (1)
(Notificação da decisão tomada)

1. Caberá ao delegado provincial do Centro de Promoção de Investimentos, relativamente às propostas de projectos de investimentos decididas pelo Governador da Província, proceder à notificação aos respectivos proponentes, no prazo de cinco dias contados a partir da data da tomada de decisão sobre essas propostas, dando-lhes a conhecer a decisão tomada e os termos da autorização em que o projecto tiver sido decidido.

2. O Centro de Promoção de Investimentos deverá, no prazo de dois dias contados a partir da data da tomada de decisão, nos termos dos artigos 15.º e 16.º sobre cada proposta de investimento, notificar os respectivos proponentes, dando-lhes a conhecer a decisão tomada bem como os respectivos termos da autorização quando a decisão tenha sido favorável.

3. A notificação da autorização concedida pela entidade competente confere aos investidores o direito de iniciarem, de imediato, o processo de implementação do projecto autorizado nos termos da respectiva autorização e mediante a observância das disposições da presente Lei e da demais legislação aplicável a cada matéria específica.

(1) Redacção dada pelo Decreto n.º 36/95, já citado.

4. Os proponentes cujas propostas de investimentos tiverem sido indeferidas poderão proceder à sua reformulação, submetendo-as de novo, em conformidade com o disposto nos artigos 9.º a 11.º, consoante o caso, para efeitos de reconsideração da decisão sobre elas tomada.

ARTIGO 18.º
(Constituição e registo da empresa)

1. Os investidores associados deverão dar cumprimento às necessárias formalidades legais relativas à constituição e registo da sociedade que levará a cabo a implementação e exploração do projecto, nomeadamente, junto do Notário, da Conservatória do Registo Comercial e da Repartição de Finanças da área onde se situar a sede social ou o principal estabelecimento da sociedade constituída.

2. Relativamente aos empreendimentos a levar a cabo através de estabelecimento, filial, sucursal ou agência de empresa estrangeira, os investidores deverão, após o respectivo acto constitutivo no País, proceder ao registo desse estabelecimento, filial, sucursal ou agência na Conservatória do Registo Comercial da área onde o mesmo se localizar.

ARTIGO 19.º([1])
(Inicio da implementação dos projectos)

1. A implementação efectiva dos trabalhos de realização de projectos cuja autorização tiver já sido concedida pela entidade competente cabe aos respectivos investidores ou à respectiva empresa, devendo iniciar-se no prazo de cento e vinte dias, se outro prazo não for fixado na autorização, contados a partir da data da notificação aos investidores da decisão tomada sobre a proposta.

2. Não se verificando o início da implementação efectiva do projecto dentro do prazo fixado nos termos do número anterior, e

([1]) Redacção dada pelo Decreto n.º 36/95, já citado.

a menos que o(s) respectivo(s) investidor(es) efectue(m) o depósito de caução e/ou outra forma de garantia accionável e correspondente a 5% do investimento total, mas nunca superior a US$ 500 000, comprovativa da determinação do(s) investidor(es) em realmente prosseguir(em) a implementação efectiva do projecto, a autorização em causa será cancelada, não produzindo de então em diante qualquer efeito de índole legal.

3. A caução e/ou outra forma de garantia prestada nos termos do número precedente será liberta e devolvida ao(s) respectivo(s) investidor(es) assim que este(s) tiver(em) efectivamente realizado e aplicado no projecto autorizado um investimento de valor igual ao da caução ou outra forma de garantia prestada.

4. Não se verificando o início da implementação efectiva do projecto no prazo máximo adicional de 120 dias, a autorização concedida para a realização do projecto será revogada revertendo o depósito e/ou garantia de caução ou de outra forma de garantia a que se refere o n.º 1 deste artigo a favor do Estado, e competindo ao Banco de Moçambique accioná-lo(s) assim que recebida do Centro de Promoção de Investimentos a respectiva comunicação para esse efeito.

ARTIGO 20.º
(Escrituração comercial e registos estatísticos)

1. Os empreendimentos realizados na República de Moçambique organizarão e manterão, de conformidade com as disposições da legislação comercial aplicável, o sistema de escrituração comercial e de registos estatísticos que permitam ter-se conhecimento, em qualquer momento, da respectiva situação e evolução económico-financeira de cada empreendimento.

2. Os empreendimentos que beneficiarem de operações cambiais deverão ainda, mediante observância das normas e mecanismos bancários vigentes, proceder ao registo e controlo de todos os movimentos pelos menos ([1]) efectuados em moeda externa.

([1]) ...«pelos menos» está conforme o original; depreende-se que será «pelos mesmos».

ARTIGO 21.°
(Acompanhamento e verificação de investimentos)

1. A realização, exploração e gestão de projectos de investimentos autorizados, bem como das respectivas actividades desenvolver-se-ão em conformidade com as disposições da legislação moçambicana, e, em especial, com as condições fixadas nos respectivos termos de autorização e disposições legais aplicáveis a cada matéria específica relevante para o projecto e para as actividades a prosseguir por cada empreendimento.

2. O acompanhamento e verificação da realização de projectos de investimentos regidos pela Lei n.º 3/93, de 24 de Junho, e por este Regulamento serão assegurados:
a) pelos órgãos e instituições do Estado que superintendem os respectivos sectores ou ramos de actividades a que os projectos de investimentos em causa disserem respeito, em áreas e matérias de sua competência específica;
b) pelo Centro de Promoção de Investimentos, para a verificação do cumprimento dos termos da autorização do projecto de investimento e das disposições do presente Regulamento e da Lei a que este se reporta.

3. O Centro de Promoção de Investimentos poderá, regularmente, solicitar aos investidores informações relativas à evolução de cada projecto através de modelos próprios a preencher ou de deslocação de missões de verificação «in loco» da situação de cada projecto específico, bem como poderão determinar a realização de missões de verificação ou auditoria a empreendimentos de investimentos.

4. Consoante os resultados da missão de verificação ou auditoria efectuada, poderão ser aplicadas sanções apropriadas à natureza de cada infracção constatada, incluindo a responsabilização pelas despesas da missão de verificação ou auditoria realizada e a possibilidade de suspensão ou revogação do gozo das garantias, incentivos e outros benefícios concedidos ao abrigo da Lei n.º 3/93, de 24 de Junho.

ARTIGO 22.°

(Emissão e actualização do certificado de investimento)

1. Produzida a prova do cumprimento das formalidades de legalização do empreendimento em que se verificará a realização de investimento autorizado, caberá ao Centro de Promoção de Investimentos, a pedido do(s) respectivo(s) investidor(es), proceder à emissão do certificado de investimento que comprove a observância dos requisitos exigidos por lei e a realização do investimento efectuado, passado em nome do respectivo empreendimento, no qual deverá ainda constar a indicação dos investidores nacionais e/ou estrangeiros envolvidos nesse empreendimento.

2. A prova a que alude o número anterior consistirá de um dossier contendo cópias autenticadas da seguinte documentação:

a) certidão de constituição da sociedade perante o Notário;

b) estatutos da sociedade constituída (ou pacto social) publicado no *Boletim da República*;

c) certidão de registo comercial do empreendimento;

d) prova de registo do empreendimento para efeitos fiscais, junto da Repartição de Finanças;

e) documento de nomeação e atribuição de competências, ao respectivo gestor, para o exercício das suas funções no empreendimento;

f) prova de realização do investimento, com a discriminação e especificação, por cada co-investidor, do investimento realizado, através de:
- capital social;
- suprimentos;
- empréstimos;
- fornecimento de equipamento e outros bens materiais;
- outras formas (especificadas);

g) relatório(s) de contas do(s) exercício(s) findo(s); e

h) outras informações que os investidores considerarem relevantes e de interesse para melhor acompanhamento do ponto de situação sobre o respectivo empreendimento.

3. Verificando-se a realização, no mesmo empreendimento, de capitais para investimentos adicionais ou outras alterações substanciais, e mediante a produção nos termos dos números anteriores da respectiva prova, o Centro de Promoção de Investimentos deverá, sob a solicitação do(s) investidor(es), proceder à actualização do respectivo certificado de investimento.

4. O certificado de investimento emitido nos termos deste artigo constitui documento de prova suficiente para efeitos de reconhecimento e gozo das garantias e incentivos a que alude os artigos 14 a 17 da Lei n.º 3/93, de 24 de Junho.

ARTIGO 23.º
(Alterações aos termos da autorização)

Quando circunstâncias ponderosas assim o exijam, e mediante pedido expresso e devidamente fundamentado dos respectivos investidores ou seus representantes, os termos e condições estabelecidos na autorização poderão ser alterados pela respectiva entidade decisória competente.

ARTIGO 24.º
(Revogação da autorização de investimento)

A revogação total da autorização concedida para a realização de um projecto de investimento só poderá ser determinada pela entidade que tiver concedido a respectiva autorização, quando ocorra qualquer das circunstâncias seguintes:

a) liquidação da empresa antes do termo do respectivo período da autorização ou concessão;
b) expiração do prazo previsto para o começo da implementação do projecto sem esta se ter iniciado;
c) recusa de prestação de informações, prestação de informações falsas ou o impedimento de acesso aos respectivos empreendimentos a oficiais de verificação e acompanhamento de projectos de investimentos nomeados e credenciados para o efeito;
d) paralisação da implementação ou exploração do empreendimento por um período contínuo superior a três meses ou

por períodos interpolados que totalizem mais que quatro meses, num ano, sem razões especiais e consentimento prévio da entidade competente que tiver concedido a autorização para a realização desse empreendimento;

e) a verificação de situações de incumprimento grave das disposições da Lei n.º 3/93, de 24 de Junho, e deste Regulamento, bem como das condições previstas na respectiva autorização ou em outros instrumentos jurídicos.

ARTIGO 25.º
(Comunicações e correspondência)

A comunicação e troca de correspondência entre as partes e entidades envolvidas nos processos de apresentação, verificação, apreciação e análise, aprovação, notificação e prestação de informação e acompanhamento, ligados a propostas e projectos de investimentos, serão vinculativas quando tiverem sido reduzidas a escrito e comunicadas às partes e entidades visadas, adquirindo os respectivos documentos força, para efeitos legais, se os mesmos tiverem sido assinados pelos representantes autorizados das partes ou entidades em causa.

ARTIGO 26.º
(Reclamações)

1. As reclamações ligadas a matérias de investimentos que emergirem no processo da aplicação da Lei n.º 3/93, de 24 de Junho, e do presente Regulamento, serão submetidas ao Centro de Promoção de Investimentos, devidamente fundamentadas.

2. O Centro de Promoção de Investimentos deverá, no prazo de dez dias, submeter cada reclamação à entidade visada, solicitando a respectiva apreciação, bem como as medidas para a sua resolução.

3. Se, no prazo de vinte dias, contados da data da solicitação referida no número precedente, não for dada resposta e nem forem tomadas medidas para a resolução da reclamação apresentada, o Centro de Promoção de Investimentos deverá remeter o assunto à

consideração e decisão do Ministro do Plano e Finanças, com a informação expressa do silêncio ou procedimento assumido pela entidade do Estado a que a reclamação disser respeito.

4. As reclamações, devidamente fundamentadas, em que seja alvo o Centro de Promoção de Investimentos deverão ser submetidas ao Ministro do Plano e Finanças.

5. O disposto neste artigo não limita o direito de recurso pelas partes interessadas à aplicação de procedimentos de resolução de diferendos sobre matérias de investimentos preconizada no artigo 25.º da Lei n.º 3/93, de 24 de Junho.

3

BENEFÍCIOS FISCAIS

Decreto n.º 16/2002, de 27 de Junho

Decorridos cerca de nove anos de vigência do Código dos Benefícios Fiscais, aprovado pelo Decreto n.º 12/93, de 21 de Julho e alterado pelos Decretos n.º 37/95, de 8 de Agosto e n.º 45/96, de 22 de Outubro, verifica-se a necessidade de proceder à sua revisão por forma a racionalizar a concessão de incentivos fiscais, com vista a tornar este regime mais eficiente e eficaz como instrumento de política económica em prol do desenvolvimento do País.

Por outro lado, nos últimos anos foram sendo estabelecidos vários regimes especiais o que levou à existência de um sistema de benefícios fiscais bastante disperso com uma profusão de instrumentos legais e nalguns casos com disposições de sobreposição, sendo por isso necessário concentrar num só diploma legal este tipo de medidas fiscais.

Nestes termos, o Conselho de Ministros, no uso das competências que lhe são cometidas pelo n.º 3 do artigo 16.º da Lei n.º 3/93, de 24 de Junho, pelas alíneas *d)* e *e)* do artigo 44.º da Lei n.º 14/ /2002, de 26 de Junho, e pelo n.º 2 do artigo 24.º da Lei 3/2001, de 21 de Fevereiro, decreta:

ARTIGO 1.º – É aprovado o Código dos Benefícios Fiscais, anexo ao presente decreto e que dele faz parte integrante.

ARTIGO 2.º – São revogados o Decreto n.º 12/93, de 21 de Julho, que aprova o Código dos Benefícios Fiscais e as suas alterações, o Decreto n.º 16/98, de 16 de Abril que cria o regime fiscal para o Vale do Rio Zambeze, o Decreto n.º 73/99, de 12 de Outubro que estabelece o Regime Fiscal para Indústria Hoteleira e de Turismo, os artigos 23.º a 28.º do Decreto n.º 62/99, de 21 de Setembro, que aprova o Regulamento das Zonas Francas Industriais, a alínea *d)* do artigo 5.º do Decreto 14/93, de 21 de Julho que aprova o Regulamento da Lei de Investimentos, bem como demais legislação fiscal que seja contrária às disposições do novo Código.

ARTIGO 3.º – O presente decreto entra em vigor em 1 de Julho de 2002.

Aprovado pelo Conselho de Ministros.
Publique-se.
O Primeiro-Ministro, *Pascoal Manuel Mocumbi*

CÓDIGO DOS BENEFÍCIOS FISCAIS

TÍTULO I
Disposições gerais

CAPÍTULO I
Princípios fundamentais

ARTIGO 1.º
(Âmbito de aplicação)

1. As disposições deste Código aplicam-se aos investimentos realizados por pessoas singulares ou colectivas, desde que devidamente registadas para efeitos fiscais.

2. Os investimentos a que se refere o número anterior são os realizados no âmbito das Leis n.ºs 3/93 – Lei de Investimentos –, 14/2002 – Lei de Minas – e 3/2001 – Lei de Petróleos –, de 24 de Junho, 26 de Junho e 21 de Fevereiro, respectivamente.

3. Incluem-se no número anterior os investimentos indirectos realizados via Bolsa de Valores de Moçambique, nos termos das Leis nele referidas.

ARTIGO 2.º
(Conceito de Benefícios Fiscais)

1. Consideram-se benefícios fiscais as medidas fiscais que impliquem uma redução do montante a pagar dos impostos em vigor com o fim de favorecer actividades de reconhecido interesse público, social ou cultural, bem como incentivar o desenvolvimento económico do País.

2. São benefícios fiscais, os incentivos fiscais e aduaneiros nomeadamente: as deduções à matéria colectável, as deduções à colecta, as amortizações e reintegrações aceleradas, o crédito fiscal, a isenção e redução de taxas de impostos e contribuições, o diferimento do pagamento de impostos e outras medidas fiscais de carácter excepcional.

3. Os benefícios fiscais são considerados despesas fiscais e, para a sua determinação e controlo, será exigida declaração apropriada dos benefícios usufruídos em cada exercício fiscal.

ARTIGO 3.º
(Direito aos Benefícios Fiscais e Aduaneiros)

1. Os empreendimentos levados a cabo no âmbito da Lei de Investimentos e demais legislação a que se refere o n.º 2 do artigo 1.º gozarão dos benefícios fiscais definidos no presente Código, desde que obedeçam às condições aí estabelecidas, salvo os casos previstos nos números 2 e 3 deste artigo.

2. Ficam excluídos do direito ao gozo dos benefícios fiscais os empreendimentos levados a cabo nas actividades de comércio a grosso e a retalho, excepto:

a) O comércio rural, nos termos a regulamentar;
b) Os empreendimentos levados a cabo nas actividades de comércio a grosso e a retalho em infra-estruturas novas, construídas para o efeito.

3. O gozo efectivo dos benefícios fiscais não poderá ser revogado, nem poderão ser diminuídos os direitos adquiridos, salvo

nos casos previstos no presente diploma se houver inobservância das obrigações estabelecidas para o beneficiário ou se o benefício tiver sido indevidamente concedido.

4. Podem ainda beneficiar do regime de importação temporária os bens de equipamento de conformidade com o estabelecido nas Instruções Preliminares da Pauta Aduaneira.

ARTIGO 4.º
(Transmissão dos Benefícios Fiscais)

Os benefícios fiscais são nos termos da Lei de Investimentos e demais legislação a que se refere o n.º 2 do artigo 1.º, transmissíveis durante a sua vigência, mediante autorização da Ministra do Plano e Finanças, desde que se mantenham inalteráveis e no transmissário se verifiquem os pressupostos para o gozo do benefício.

ARTIGO 5.º
(Fiscalização)

Todas as pessoas singulares ou colectivas, titulares do direito ao gozo dos benefícios fiscais a que se refere o presente Código, ficam sujeitas à fiscalização da Administração Tributária e demais entidades competentes para o controlo da verificação dos pressupostos dos benefícios fiscais respectivos e do cumprimento das obrigações estabelecidas para as mesmas empresas.

ARTIGO 6.º
(Normas supletivas)

Em tudo o que, sendo omisso, não se revelar contrário ao disposto no presente Código aplicar-se-ão as disposições constantes dos Códigos dos Impostos sobre o Rendimento das Pessoas Colectivas ou das Pessoas Singulares, do Contencioso Aduaneiro, do Contencioso das Contribuições e Impostos e do Código das Execuções Fiscais e demais legislação vigente.

CAPÍTULO II
Procedimentos para obter Benefícios Fiscais

ARTIGO 7.º
(Reconhecimento dos Benefícios nos Impostos Internos)

Salvo disposição em contrário, para o reconhecimento automático dos benefícios fiscais que recaem sobre os Impostos cobrados pela Administração Tributária Interna, os titulares das empresas com direito ao gozo dos benefícios fiscais deverão apresentar o Despacho e os Termos de Autorização ou outro dispositivo legal que os comprovam, concedidos pela entidade competente, na Repartição de Finanças da área fiscal, devendo juntar cópia de declaração de início de actividade com o respectivo Número Único de Identificação Tributária.

ARTIGO 8.º
(Reconhecimento dos Benefícios na Importação)

1. Para o gozo dos incentivos fiscais e aduaneiros previstos neste Código, cujos impostos são cobrados pelas Alfândegas, para além dos elementos exigidos nos termos de outras disposições legais, incluindo o Número Único de Identificação Tributária, bastará a apresentação da lista aprovada pelo Ministério do Plano e Finanças, no prazo de cinco dias úteis, contados a partir da data da submissão das mesmas aos Serviços das Alfândegas, dos bens a importar com isenção de pagamento de Direitos e ou outras imposições aduaneiras.

2. A aprovação da lista a que se refere o número anterior, verificar-se-á, após a autorização do investimento e nas mesmas condições estabelecidas no Regulamento da Lei de Investimentos e demais legislação aplicável.

ARTIGO 9.º
(Comprovação dos investimentos realizados)

1. Para efeitos do gozo dos benefícios fiscais sobre o rendimento, nos termos do presente Código, os titulares das empresas com direito a tais benefícios deverão apresentar junto à declaração de rendimentos de que trata o Imposto sobre o Rendimento, uma declaração segundo modelo aprovado pela Ministra do Plano e

Finanças, indicando o valor do investimento realizado, a origem das compras e despesas que dão lugar às deduções, com indicação do número da factura, nome do fornecedor, importância e montante total a deduzir, bem como as amortizações aceleradas efectuadas.

2. Para a determinação da despesa fiscal pela Administração Tributária, as mesmas empresas a que se refere o número precedente deverão apresentar, aquando da declaração de rendimentos de que tratam os Impostos sobre o Rendimento das Pessoas Colectivas ou das Pessoas Singulares, a declaração prevista no n.º 3 do artigo 2.º deste Código, com o cálculo do benefício fiscal respectivo.

CAPÍTULO III
Sanções

ARTIGO 10.º
(Sanções impeditivas, suspensivas ou extintivas dos Benefícios Fiscais)

1. Sem prejuízo de outras sanções previstas na legislação fiscal e aduaneira em vigor, as transgressões ao disposto no presente diploma ficam sujeitas a sanções impeditivas, suspensivas ou extintivas dos benefícios fiscais, de acordo com a gravidade da infracção.

2. São infracções sujeitas a sanções impeditivas:
a) A falta de inscrição fiscal com o NUIT (Número Único de Identificação Tributária);
b) O facto de não dispor de uma contabilidade organizada, de acordo com o Plano Geral de Contabilidade e as exigências dos Códigos dos Impostos sobre o Rendimento das Pessoas Colectivas ou das Pessoas Singulares, excepto para os casos previstos na alínea a) do n.º 2 do artigo 3.º deste Código;
c) A prática de infracções de natureza fiscal e de outras infracções reconhecidas pela Administração Tributária.

3. São infracções sujeitas a sanções suspensivas:
a) A falta de entrega sistemática nos cofres do Estado dos impostos a que esteja sujeito ou obrigado a reter;

b) A prestação de informações falsas, relativamente à sua actividade;

c) A alienação dos bens que foram objecto do benefício fiscal ou que foram dado outro destino sem prévia aprovação da Autoridade Fiscal que o outorgou;

d) A falta de entrega da declaração prevista no n.º 3 do artigo 2.º do presente Código;

e) A prática de infracções de natureza fiscal e de outras reconhecidas pela Administração Tributária.

f) A inobservância das condições impostas no despacho de concessão dos benefícios fiscais.

4. A reincidência na prática das infracções referidas no número anterior fica sujeita a sanções extintivas.

5. Só se aplicam sanções impeditivas, suspensivas ou extintivas de benefícios fiscais com fundamento em infracção fiscal relacionada com o benefício concedido.

ARTIGO 11.º
(Extinção e suspensão dos Benefícios Fiscais)

1. Os benefícios fiscais cessam decorrido o prazo por que foram concedidos ou quando tenha sido aplicada uma sanção extintiva.

2. A extinção ou suspensão dos benefícios fiscais implica a aplicação automática da tributação geral consagrada por lei.

3. No caso de aplicação de uma sanção suspensiva, a mesma manter-se-á até à completa reposição da situação a que tiver dado causa, incluindo o pagamento, no prazo de sessenta dias, contando a partir da data da notificação pelos serviços competentes, das receitas não arrecadadas.

4. Os titulares do direito aos benefícios fiscais são obrigados a declarar, no prazo de trinta dias, que cessou a situação de facto ou de direito em que se baseia o benefício fiscal, salvo quando essa cessação for de conhecimento oficioso. A mesma comunicação deverá ser feita no caso de suspensão dos benefícios fiscais.

ARTIGO 12.º
(Competência para a aplicação das Sanções)

1. Compete ao Director Nacional de Impostos e Auditoria a aplicação das sanções impeditivas dos benefícios fiscais previstos neste diploma, em articulação com o Centro de Promoção de Investimentos.

2. Compete ainda ao Director Nacional de Impostos e Auditoria a aplicação das sanções suspensivas dos benefícios fiscais previstos neste diploma, na base de informação e pareceres dos competentes serviços fiscais.

3. A aplicação das sanções extintivas dos benefícios fiscais é da competência da Ministra do Plano e Finanças.

TÍTULO II
Dos Benefícios Fiscais

CAPÍTULO I
Benefícios ao abrigo da Lei de Investimentos

SUBCAPÍTULO I
Benefícios genéricos

SECÇÃO I
Benefícios na importação de bens

ARTIGO 13.º
(Isenção de Direitos de Importação)

Os investimentos em empreendimentos autorizados ao abrigo da Lei de Investimentos e respectivo Regulamento, beneficiam de isenção do pagamento de Direitos de Importação sobre os bens de equipamento classificados na classe "K" da Pauta Aduaneira, sem prejuízo do disposto no artigo seguinte.

ARTIGO 14.º
(Condição para a isenção de Direitos de Importação)

Os benefícios referidos no artigo anterior só serão concedidos quando os bens a importar não sejam produzidos no território nacional, ou sendo produzidos não satisfaçam as características específicas de finalidade e funcionalidade exigidas ou inerentes à natureza do projecto e respectiva actividade a desenvolver e a explorar.

SECÇÃO II
Benefícios Fiscais sobre o Rendimento

ARTIGO 15.º
(Crédito Fiscal por Investimento)

1. Os investimentos levados a cabo no âmbito da Lei de Investimentos beneficiarão durante 5 exercícios fiscais, de um crédito fiscal por investimento (CFI) de 5% do total de investimento realizado, a deduzir na colecta do Imposto sobre o Rendimento das Pessoas Colectivas até à concorrência deste.

2. No caso de contribuintes sujeitos ao Imposto sobre o Rendimento das Pessoas Singulares, a dedução do crédito fiscal por investimento (CFI) referido no número anterior deverá ser feita até a concorrência do imposto que resultaria de considerar apenas no englobamento os rendimentos provenientes da actividade beneficiária do incentivo, pertencente à Segunda Categoria do IRPS.

3. A parcela do crédito fiscal não utilizada num exercício, poderá ser deduzida nos anos subsequentes, expirando a sua utilização no quinto exercício fiscal, a contar da data do início do investimento para projectos em funcionamento e de início de exploração para os projectos novos.

4. No caso dos projectos de investimento realizados nas províncias de Gaza, Sofala, Tete e Zambézia, a percentagem estabelecida no número 1, será de 10% e nas províncias de Cabo Delgado, Inhambane e Niassa a mesma será de 15%.

5. Para efeitos do disposto nos números anteriores só se considera abrangido o investimento em activo imobilizado corpóreo, afecto à exploração da empresa no território nacional e que tenha sido adquirido em estado novo.

6. Não se aplica o disposto neste artigo, quando o investimento em activo imobilizado corpóreo resulte de:

a) Construção, aquisição, reparação e ampliação de quaisquer edifícios;
b) Viaturas ligeiras;
c) Mobiliários e artigos de conforto e decoração;
c) Equipamentos sociais;
d) Equipamento especializado considerado tecnologia de ponta nos termos deste Código; e
f) Outros bens de investimento não directa e imprescindivelmente associados à actividade produtiva exercida pela empresa.

7. Para efeito deste Código, considera-se início do investimento o momento em que se inicia os procedimentos para obtenção dos benefícios fiscais previstos neste Código, após aprovação do projecto de investimento e início de exploração o momento em que se inicia as operações tendentes a obtenção de rendimentos que dão origem a sujeição de imposto.

ARTIGO 16.º
(Amortizações e reintegrações aceleradas)

1. É permitida uma amortização acelerada dos imóveis novos, utilizados na prossecução dos empreendimentos autorizados nos termos deste Código, que consiste em aplicar o dobro das taxas normais, legalmente fixadas para o cálculo das amortizações e reintegrações consideradas como custos imputáveis ao exercício na determinação da matéria colectável dos Impostos sobre o Rendimento das Pessoas Colectivas ou das Pessoas Singulares.

2. O estabelecido no número anterior é ainda aplicável nas mesmas condições aos imóveis reabilitados, máquinas e equipamentos destinados às actividades industrial e/ou agro-industrial.

ARTIGO 17.º
(Modernização e introdução de novas tecnologias)

1. O valor investido em equipamento especializado, considerado pela entidade competente, para o efeito, tecnologia de ponta para

o desenvolvimento das actividades de empreendimentos autorizados ao abrigo da Lei de Investimentos, beneficiam durante os primeiros cinco anos a contar da data do início de actividade, de dedução à matéria colectável para efeitos do cálculo do Imposto sobre o Rendimento das Pessoas Colectivas, até ao limite máximo de 15% da matéria colectável.

2. A mesma dedução e nas mesmas condições previstas no número anterior será aplicável quando se trate do Imposto sobre o Rendimento das Pessoas Singulares, mas apenas em relação aos rendimentos provenientes da actividade pertencente à Segunda Categoria do IRPS.

ARTIGO 18.º
(Formação profissional)

1. O montante dos custos de investimentos realizados com a formação profissional de trabalhadores moçambicanos, será deduzido à matéria colectável para efeitos de cálculo do Imposto sobre o Rendimento das Pessoas Colectivas, em relação aos empreendimentos autorizados e abrangidos pelo artigo 1.º deste Código, durante os primeiros cinco anos a contar da data do início da actividade, até ao limite máximo de 5% da matéria colectável.

2. Quando se trate de formação profissional para a utilização de equipamento considerado de tecnologia de ponta, referido no artigo anterior, a dedução à matéria colectável para efeitos do cálculo do Imposto sobre o Rendimento das Pessoas Colectivas, será até ao limite máximo de 10% da matéria colectável.

3. As mesmas deduções e nas mesmas condições previstas nos números anteriores serão aplicáveis quando se trate do Imposto sobre o Rendimento da Pessoas Singulares, mas apenas em relação aos rendimentos provenientes da actividade pertencente à Segunda Categoria do IRPS.

4. Os custos de investimentos a que se referem os números anteriores não incluem os equipamentos e demais activos da empresa afectos à formação profissional.

ARTIGO 19.º
(Despesas a considerar custos fiscais)

1. Durante um período de 10 anos, a contar da data da exploração, as empresas elegíveis aos benefícios fiscais ao abrigo deste Código poderão ainda considerar como custos para a determinação da matéria colectável do Imposto sobre o Rendimento das Pessoas Colectivas, os seguintes montantes:

a) No caso de empreendimentos levados a cabo na cidade de Maputo, será considerado o valor correspondente a 120% dos valores dispendidos com todas as despesas que realizem na construção e na reabilitação de estradas, caminhos de ferro, aeroportos, cor-reios, telecomunicações, abastecimento de água, energia eléctrica, escolas, hospitais e outras obras desde que consideradas de utilidade pública pelas entidades competentes e comprovada pela Administração Tributária;

b) Nas mesmas condições do número anterior as restantes províncias deduzirão o montante correspondente a 150% dos valores dispendidos;

c) Quando se tratar de despesas que realizem na compra, para património próprio, de obras consideradas de arte e outros objectos representativos da cultura moçambicana, bem como as acções que contribuam para o desenvolvimento desta, nos termos da Lei de Defesa do Património Cultural, Lei nº 10/ /88, de 22 de Dezembro deduzirão a título de custos para efeitos fiscais apenas 50% dos valores dispendidos.

2. As disposições previstas no número anterior e nas mesmas condições aí estabelecidas serão aplicáveis quando se trate do Imposto sobre o Rendimento das Pessoas Singulares, mas apenas em relação aos rendimentos provenientes da actividade pertencente à Segunda Categoria do IRPS.

SECÇÃO III
Outros Benefícios Genéricos

ARTIGO 20.º
(Isenção do Imposto do Selo)

Os actos para a constituição de empresas e alterações do seu capital e do pacto social estão isentos de Imposto do Selo, durante os primeiros cinco anos contados a partir do início do investimento ou do início da exploração, quando se tratar de empreendimentos, cujos investimentos estejam abrangidos pelo artigo 1.º deste Código.

ARTIGO 21.º
(Redução da taxa de SISA)

Os empreendimentos autorizados ao abrigo deste Código, beneficiam de uma redução em 50% da taxa de SISA na aquisição de imóveis destinados à Indústria, Agro-Indústria e Hotelaria, desde que adquiridos nos primeiros três anos a contar da data da autorização do investimento.

SUBCAPÍTULO II
Benefícios específicos

SECÇÃO I
Agricultura

ARTIGO 22.º
(Isenção de Direitos de Importação)

1. Os investimentos na área da agricultura, em empreendimentos autorizados ao abrigo da Lei de Investimentos e respectivo Regulamento, beneficiam de isenção do pagamento de Direitos de Importação sobre os bens de equipamento classificados na classe "K" da Pauta Aduaneira.

2. Os benefícios referidos no número anterior só serão concedidos quando os bens a importar não sejam produzidos no território nacional, ou sendo produzidos não satisfaçam as características específicas de finalidade e funcionalidade exigidas ou inerentes à natureza do projecto e respectiva actividade a desenvolver e a explorar.

ARTIGO 23.º
(Redução da taxa do Imposto sobre o Rendimento)

1. Os empreendimentos na área da agricultura, realizados ao abrigo da Lei de Investimentos e respectivo Regulamento, beneficiarão, até ao ano 2012, de uma redução em 80% da taxa dos impostos que incidem sobre os lucros das empresas, imputáveis à actividade agrícola.

2. No caso de contribuintes sujeitos ao Imposto sobre o Rendimento das Pessoas Singulares, a redução prevista no número anterior deverá aplicar-se apenas à matéria colectável da actividade beneficiária do incentivo, pertencente à Segunda Categoria do IRPS.

3. Findo o prazo previsto no número anterior, os novos empreendimentos abrangidos por esta secção terão direito ao gozo dos benefícios fiscais previstos nos artigos 15.º e 16.º do presente Código.

ARTIGO 24.º
(Benefícios complementares)

Aos empreendimentos realizados na actividade agrícola, compreendidos na presente secção, aplicar-se-ão ainda os benefícios fiscais previstos nos artigos 18.º a 21.º do presente Código.

SECÇÃO II
Actividade hoteleira e de turismo

ARTIGO 25.º
(Investimentos abrangidos)

1. As disposições desta secção são aplicáveis à indústria hoteleira e de turismo, em relação aos projectos de investimento aprovados no âmbito da Lei n.º 3/93, de 24 de Junho e respectivo Regulamento, designadamente:

a) A reabilitação, construção, expansão ou modernização de unidades hoteleiras e respectivas partes complementares ou conexas, cuja finalidade principal seja a produção de serviços de turismo; e

b) O desenvolvimento de Parques Nacionais e Reservas.

2. Ficam excluídos do disposto no número anterior os investimentos que tenham por objecto:

a) A reabilitação, construção, expansão ou modernização de restaurantes, bares, botequins, casas de pasto, discotecas e outras unidades similares quando não agregados a nenhuma das unidades referidas no número anterior;

b) O estabelecimento de parques de campismo e de caravanas;

c) A actividade de aluguer de viaturas; e

d) A actividade das agências de viagens, operadores turísticos e afins.

3. Os investimentos aprovados no âmbito da Lei n.º 3/93, de 24 de Junho e respectivo Regulamento, levados a cabo na actividade hoteleira e de turismo, excluídos dos benefícios específicos pelo número anterior gozam dos benefícios genéricos constantes dos artigos 13.º a 21.º deste Código.

ARTIGO 26.º
(Isenção de Direitos de Importação)

1. Os investimentos abrangidos pelo nº.1 do artigo 25.º deste diploma, beneficiarão de isenção do pagamento de Direitos de Importação sobre os bens de equipamento classificados na classe "K " da Pauta Aduaneira.

2. Os benefícios fiscais referidos no número anterior só serão concedidos quando os bens a importar não sejam produzidos no território nacional, ou sendo produzidos não satisfaçam as características específicas de finalidade e funcionalidade exigidas ou inerentes à natureza do projecto e respectiva actividade a desenvolver e a explorar.

ARTIGO 27.º
(Crédito Fiscal por investimento e amortizações e reintegrações aceleradas)

1. Os investimentos abrangidos por esta secção, beneficiam ainda do crédito fiscal previsto no artigo 15.º do presente Código, acrescido de mais 3 pontos percentuais.

2. É também permitida uma amortização acelerada para imóveis novos, veículos automóveis e demais equipamentos do imobilizado corpóreo quando afectos à actividade hoteleira e de turismo, nos empreendimentos levados a cabo no âmbito da Lei de Investimentos, que consiste em optar pela aplicação até o triplo das taxas normais, legalmente fixadas para o cálculo das amortizações e reintegrações consideradas como custos imputáveis ao exercício na determinação da matéria colectável dos Impostos sobre o Rendimento das Pessoas Colectivas ou das Pessoas Singulares.

3. Os benefícios estabelecidos neste artigo aplicar-se-ão apenas aos projectos de investimentos que forem aprovados até 31 de Dezembro de 2007.

4. Findo o prazo previsto no número anterior, os novos empreendimentos abrangidos por esta secção terão direito ao gozo dos benefícios fiscais previstos nos artigos 15.º e 16.º do presente Código.

ARTIGO 28.º
(Outros benefícios fiscais)

Os mesmos empreendimentos referidos no número anterior beneficiam ainda dos incentivos previstos nos artigos 18.º a 21.º do presente Código.

SECÇÃO III
Projectos de grande dimensão

ARTIGO 29.º
(Incentivos excepcionais)

1. Os empreendimentos cujo investimento excedam o equivalente a quinhentos milhões de dólares dos Estados Unidos da América, bem como os empreendimentos em infra-estruturas de domínio público, levados a cabo sob o regime de concessão poderão beneficiar de incentivos excepcionais, no âmbito dos direitos de importação, dos Impostos sobre o Rendimento das Pessoas Colectivas, de SISA, do Imposto do Selo, em regime contratual, a conceder pelo Conselho de Ministros, sob proposta da Ministra do Plano e Finanças.

2. A concessão dos benefícios ficará subordinada à celebração de um contrato entre o Estado e a entidade promotora do projecto, a aprovar pelo Conselho de Ministros, no qual serão fixados os objectivos, as metas, os incentivos a conceder e as penalizações para o caso de incumprimento.

3. Os incentivos a que se referem os números anteriores devem ser concedidos por um período de vigência até dez anos e não são cumuláveis com os demais, previstos neste Código.

4. Para ter acesso aos incentivos excepcionais mencionados neste artigo, os empreendimentos devem demonstrar ter viabilidade técnica, económica e financeira e preencher cumulativamente as seguintes condições:

a) Serem relevantes para a promoção e aceleração do desenvolvimento da economia nacional;
b) Serem relevantes para a redução das assimetrias regionais;
c) Criar pelo menos 500 postos ou induzir à criação de pelo menos 1000 postos de trabalho, no prazo máximo de três anos.

5. Consideram-se relevantes para a promoção e aceleração do desenvolvimento da economia nacional os projectos de investimentos que tenham por objecto as seguintes actividades económicas:

a) Agricultura, aquacultura, agro-pecuária e silvicultura;
b) Agro-indústria;
c) Indústria transformadora;
d) Construção de infra-estruturas ferroviárias, rodoviárias, portuárias e aeroportuárias e respectivo equipamento.
e) Actividades turísticas;

6. Consideram-se relevantes para a redução das assimetrias regionais, os empreendimentos localizados ou com impacto significativo para zonas menos desenvolvidas.

ARTIGO 30.º

(Isenção de Direitos de Importação)

1. Os empreendimentos compreendidos no artigo anterior, autorizados ao abrigo da Lei de Investimentos e respectivo

Regulamento, beneficiam de isenção do pagamento de Direitos de Importação sobre os bens de equipamento classificados na classe "K" da Pauta Aduaneira, sem prejuízo do disposto no número seguinte.

2. Os benefícios referidos no número anterior só serão concedidos quando os bens a importar não sejam produzidos no território nacional, ou sendo produzidos não satisfaçam as características específicas de finalidade e funcionalidade exigidas ou inerentes à natureza do projecto e respectiva actividade a desenvolver e a explorar.

ARTIGO 31.º

(Benefícios Fiscais sobre o Rendimento – Crédito Fiscal por Investimento)

1. Os investimentos, compreendidos nesta secção, levados a cabo no âmbito da Lei de Investimentos beneficiarão durante 5 exercícios fiscais, de um crédito fiscal por investimento (CFI) determinado com base na aplicação de uma percentagem compreendida entre 5% e 10% do total de investimento realizado, a deduzir na colecta do Imposto sobre o Rendimento das Pessoas Colectivas até à concorrência deste.

2. A parcela do crédito fiscal não utilizada num exercício, poderá ser deduzida nos anos subsequentes, expirando a sua utilização no quinto exercício fiscal, a contar da data do início do investimento para projectos em funcionamento e de início de exploração para os projectos novos.

3. No caso dos projectos de investimento realizados nas províncias de Gaza, Sofala, Manica, Tete, Zambézia e Nampula, a percentagem indicada no número 1, estará compreendida entre 10% e 20 % e nas províncias de Cabo Delgado, Inhambane e Niassa, entre 15% e 30%.

4. Para efeitos do disposto nos números anteriores só se considera abrangido o investimento em activo imobilizado corpóreo

afecto à exploração da empresa no território nacional e que tenha sido adquirido em estado novo, com a excepção de:

a) Viaturas ligeiras;
b) Mobiliários e artigos de conforto e decoração;
c) Equipamentos sociais; e
d) Outros bens de investimento não directa e imprescindivelmente associados à actividade produtiva exercida pela empresa.

ARTIGO 32.º
(Benefícios complementares)

Aos empreendimentos compreendidos na presente secção, aplicar-se-ão ainda os benefícios fiscais previstos nos artigos 18.º a 21.º do presente Código.

SECÇÃO IV
Zonas de Rápido Desenvolvimento

ARTIGO 33.º
(Sectores de actividade abrangidos)

1. Os empreendimentos novos que se localizem nas áreas geográficas denominadas Zonas de Rápido Desenvolvimento (ZRD) e que desenvolvam as actividades elegíveis, constantes neste artigo, gozarão dos benefícios fiscais previstos nesta secção.

2. São consideradas Zonas de Rápido Desenvolvimento (ZRD), as seguinte regiões do país: Zona do Vale do Zambeze, província do Niassa, Distrito de Nacala, Ilhas de Moçambique e do Ibo.

3. Considera-se Zona do Vale do Zambeze a área geográfica que compreende:

a) Na província de Tete: todos os distritos;
b) Na província da Zambézia: os distritos de Morrumbala, Mopeia, Chinde, Milange, Mocuba, Maganja da Costa, Nicoadala, Inhassunge, Namacura e Quelimane;
c) Na província de Sofala: os distritos de Gorongosa, Maringué, Chemba, Caia, Marromeu, Cheringoma e Muanza;
d) Na província de Manica: os distritos de Barué, Guro, Tambara e Macossa.

4. São elegíveis as seguintes actividades:
a) Agricultura;
b) Silvicultura;
c) Aquacultura;
d) Pecuária;
e) Exploração florestal;
f) Exploração de fauna bravia;
g) Abastecimento de água;
h) Produção, transporte e distribuição de energia eléctrica;
i) Telecomunicações;
j) Construção de infra-estruturas de uso público;
k) Construção de imóveis de habitação;
l) Construção de infra-estruturas agrárias;
m) Construção de infra-estruturas e exploração de hotelaria, turismo e similar;
n) Construção de infra-estruturas comerciais;
o) Indústria;
p) Transporte de carga e de passageiros;
q) Educação;
r) Saúde.

5. As pessoas singulares ou colectivas que desenvolvam a mesma actividade ou outras actividades noutras zonas do país, têm direito ao gozo dos benefícios fiscais aqui previstos, apenas em relação às actividades constantes do número anterior, que explorem nas Zonas de Rápido Desenvolvimento (ZRD).

6. Os benefícios fiscais e aduaneiros previstos nesta secção não são cumuláveis com outros benefícios específicos constantes deste Código.

7. O regime previsto nesta secção vigorará até 31 de Dezembro de 2015, ficando os empreendimentos nela compreendidos sujeitos a tributação normal a partir de 1 de Janeiro de 2016.

ARTIGO 34.º
(Isenções dos Direitos Aduaneiros)

1. Os empreendimentos levados a cabo nas ZRD, em sectores de actividade estabelecidos no artigo anterior beneficiarão de

isenção de Direitos de Importação devidos pela importação de bens, constantes das classes "K" e "I " da Pauta Aduaneira.

2. A isenção referida no número anterior só será aplicada durante os três primeiros anos da implementação do Projecto, desde que não existam bens similares de produção nacional com a mesma qualidade e/ou com as mesmas especificações técnicas.

ARTIGO 35.º
(Benefícios Fiscais sobre o Rendimento)

1. Os empreendimentos localizados nas ZRD em actividades previstas nesta secção em investimentos levados a cabo no âmbito da Lei de Investimentos beneficiarão durante 5 exercícios fiscais, de um crédito fiscal por investimento (CFI) de 20% do total de investimento realizado, a deduzir na colecta dos Impostos sobre o Rendimento das Pessoas Colectivas até à concorrência deste.

2. No caso de contribuintes sujeitos ao Imposto sobre o Rendimento das Pessoas Singulares, a dedução do crédito fiscal por investimento (CFI) referido no número anterior deverá ser feita até à concorrência do imposto que resultaria de considerar apenas no englobamento os rendimentos provenientes da actividade beneficiária do incentivo, pertencente à Segunda Categoria do IRPS.

3. A parcela do crédito fiscal não utilizada num exercício, poderá ser deduzida nos anos subsequentes, expirando a sua utilização no quinto exercício fiscal, a contar da data do início de exploração para os projectos novos.

ARTIGO 36.º
(Isenção de SISA)

1. Fica isenta de SISA a transmissão de propriedades do Estado a favor de terceiros contanto que se trate de infra-estruturas, cuja finalidade é o desenvolvimento de actividades económicas constantes do número 4 do artigo 33.º deste Código.

2. A isenção referida no número precedente não se aplica a quaisquer outras transmissões de propriedades, beneficiando estas apenas da redução da taxa de SISA estabelecida no artigo 21.º

deste Código, válido por cinco anos a contar da data do início da actividade.

ARTIGO 37.º
(Benefícios complementares)

Os empreendimentos com direito a benefícios fiscais ao abrigo desta secção beneficiam ainda dos previstos nos artigos 18.º a 21.º do presente Código.

SECÇÃO V
Zonas Francas Industriais

ARTIGO 38.º
(Isenção de Impostos Indirectos)

1. Os operadores de Zonas Francas Industriais gozam de isenção de Direitos Aduaneiros na importação de materiais de construção, máquinas, equipamentos, acessórios, peças sobressalentes acompanhantes e outros bens destinados à prossecução da actividade licenciada nas Zonas Francas Industriais.

2. As empresas de Zonas Francas Industriais gozam de isenção de Direitos Aduaneiros na importação de bens e mercadorias destinadas a implementação de projectos e exploração de actividades para as quais tiverem sido autorizadas nos termos do Regulamento das Zonas Francas Industriais, aprovado pelo Decreto nº62/99 de 21 de Setembro.

3. A isenção referida nos n.ºs 1 e 2 deste artigo é extensiva ao Imposto sobre o Valor Acrescentado e ao Imposto sobre Consumos Específicos, incluindo os devidos nas aquisições internas, nas condições previstas nos Códigos IVA e ICE, aprovados respectivamente, pelos Decretos n.ºs 51/98 e 52/98, ambos de 29 de Setembro.

4. As isenções previstas neste artigo não abrangem os bens alimentares, bebidas alcoólicas, tabacos, vestuário e outros artigos de uso pessoal e doméstico.

ARTIGO 39.º
(Impostos sobre o Rendimento)

1. Os operadores de Zonas Francas Industriais e as empresas de Zonas Francas Industriais com Certificado de ZFI, beneficiarão, por um período de dez anos, de uma redução em 60% da taxa do Imposto sobre o Rendimento das Pessoas Colectivas incidente sobre os lucros provenientes da exploração de actividades para as quais tiverem sido licenciadas, nos termos do Regulamento de ZFI, aprovado pelo Decreto n.º 62/99 de 21 de Setembro.

2. As empresas beneficiárias do regime de tributação referido no número anterior, deverão ter contabilidade devidamente organizada, de conformidade com o estabelecido no Código do Imposto sobre o Rendimento das Pessoas Colectivas, devendo proceder à entrega de declaração apropriada na Repartição de Finanças respectiva, nos prazos fixados na legislação fiscal.

ARTIGO 40.º
(Isenção de SISA)

Os operadores de ZFIs e as empresas de Zonas Francas Industriais estão isentas de SISA que for devida pela aquisição e utilização de imóveis.

CAPÍTULO II
Investimentos ao abrigo da Lei de Minas

ARTIGO 41.º
(Benefícios na importação)

1. Os empreendimentos levados a cabo ao abrigo da Lei n.º 14/2002 de 26 de Junho, beneficiam de isenção de Direitos Aduaneiros devidos na importação de equipamentos, aparelhos, materiais e sobressalentes para a prospecção e pesquisa ou exploração mineira e sobre a exportação de recursos minerais.

2. As importações referidas no número anterior beneficiarão ainda de isenção do Imposto sobre o Valor Acrescentado e do

Imposto sobre Consumos Específicos, de conformidade com as disposições dos Códigos do IVA e do ICE, aprovados pelos decretos n.ºs 51/98 e 52/98, ambos de 29 de Setembro.

3. As mesmas isenções dos números anteriores beneficiam as contratadas e subcontratadas desde que os bens importados se destinem ao mesmo empreendimento.

ARTIGO 42.º
(Benefícios nos Impostos sobre o Rendimento)

1. Até ao ano 2010, os investimentos levados a cabo no âmbito da Lei de Minas, cujo valor do investimento seja superior a 500.000 USD, beneficiarão, a partir do início da produção, de uma redução em 25% da taxa do Imposto sobre o Rendimento das Pessoas Colectivas, durante os primeiros cinco anos.

2. No caso de contribuintes sujeitos ao Imposto sobre o Rendimento das Pessoas Singulares, nas condições previstas no número anterior, a matéria colectável determinada e relativa a actividade beneficiária do incentivo, pertencente à Segunda Categoria do IRPS, terá uma dedução de 25%, durante os primeiros cinco anos.

3. Os investimentos de valor inferior aos previstos nos números 1 e 2, beneficiarão dos incentivos previstos nos artigos 15.º e 16.º deste Código, relativamente aos Impostos sobre o Rendimento das Pessoas Colectivas ou das Pessoas Singulares.

ARTIGO 43.º
(Benefícios adicionais)

São ainda aplicáveis aos empreendimentos a que se refere o n.º 1 do artigo 42.º os benefícios fiscais previstos nos artigos 18.º a 21.º do presente Código, excepto em relação às contratadas e subcontratadas.

CAPÍTULO III
Investimentos ao abrigo da lei de petróleos

ARTIGO 44.º
(Benefícios na importação)

As empresas que desenvolvem operações petrolíferas, em terra e no mar ("on shore" e "off shore"), na República de Moçambique, suas contratadas ou subcontratadas, durante a vigência da licença beneficiam de:

a) Isenção de Direitos Aduaneiros, relativamente a importação de bens destinados a serem utilizados em operações petrolíferas, viaturas e outros aprovisionamentos importados, excluindo viaturas ligeiras destinadas exclusivamente para o transporte de passageiros;

b) Importação temporária com suspensão do pagamento de Direitos e demais imposições aduaneiras e fiscais dos bens destinados a operações petrolíferas, tais como sondas de perfuração, maquinaria, equipamento, aeronaves e navios nos termos previstos nas Instruções Preliminares da Pauta Aduaneira;

c) Isenção de Direitos Aduaneiros na exportação dos bens a que se refere a alínea anterior, uma vez perdida a sua utilidade para as operações petrolíferas, salvo o rendimento obtido em resultado da exportação de tais bens que será objecto de colecta do Imposto sobre o Rendimento das Pessoas Colectivas;

d) Isenção de Direitos Aduaneiros e outras imposições aduaneiras relativamente à exportação do Petróleo produzido na República de Moçambique;

e) As importações e exportações referidas nas alíneas anteriores beneficiarão ainda de isenção do Imposto sobre o Valor Acrescen-tado e do Imposto sobre Consumos Específicos, de conformidade com as disposições dos Códigos do IVA e do ICE, aprovados pelos decretos n.ºs. 51/98 e 52/98, ambos de 29 de Setembro.

ARTIGO 45.º
(Benefícios no Imposto sobre o Rendimento)

Até ao ano 2010, os investimentos levados a cabo no âmbito da Lei de Petróleos, beneficiarão, a partir do início da produção, de uma redução em 25% da taxa aplicável ao Imposto sobre o Rendimento das Pessoas Colectivas, durante os primeiros oito anos.

ARTIGO 46.º
(Benefícios adicionais)

São ainda aplicáveis às empresas a que se refere o artigo 43.º, os benefícios fiscais previstos nos artigos 18.º a 21.º do presente Código, excepto as contratadas e subcontratadas.

CAPÍTULO IV
Disposições diversas

ARTIGO 47.º
(Regime transitório geral)

1. São mantidos nos termos em que foram concedidos os benefícios fiscais cujo direito tenha sido adquirido ou os pedidos tenham sido formulados e submetidos na base do anterior Código dos Benefícios Fiscais, aprovado pelo Decreto n.º 12/93 de 21 de Julho e suas alterações, antes da entrada em vigor do presente Código.

2. Os projectos de investimentos submetidos para análise e aprovação até a entrada em vigor deste Código, serão analisados e decididos nos termos do Código dos Benefícios Fiscais aprovado pelo Decreto n.º 12/93 de 21 de Julho, salvo se os proponentes optarem e solicitarem, expressamente, a aplicação do presente Código, no prazo máximo de sessenta dias a contar da data da sua entrada em vigor.

3. Até à entrada em vigor dos novos Impostos sobre o Rendimento das Pessoas Colectivas e das Pessoas Singulares, os benefícios fiscais correspondentes serão aplicáveis a Contribuição Industrial em relação aos projectos autorizados na base do presente Código.

ARTIGO 48.º
(Caducidade dos benefícios fiscais)

Os benefícios fiscais, quando temporários, caducam pelo decurso do prazo por que foram concedidos e, quando condicionados, pela verificação dos pressupostos da respectiva condição resolutiva ou inobservância das obrigações impostas, imputável ao beneficiário.

ARTIGO 49.º
(Alienação de bens com benefícios fiscais)

Quando o benefício fiscal respeite à aquisição de bens destinados à directa realização dos fins dos adquirentes, ficará sem efeito se aqueles forem alienados ou lhes for dado outro destino sem autorização da entidade competente, sem prejuízo das restantes sanções.

ARTIGO 50.º
(Instruções para determinação da despesa fiscal)

Por forma a garantir a uniformidade no cálculo dos benefícios fiscais, serão emitidas instruções pertinentes sobre os procedimentos a serem observados na declaração referida no n.º 3 do artigo 2.º deste Código.

S. TOMÉ E PRÍNCIPE

1

CÓDIGO DE INVESTIMENTOS

Lei n.º 13/92, de 15 de Outubro

Pretende-se, com a publicação deste novo código, a instituição de um regime claro e simples de incentivos ao investimento, que motive a aplicação de poupanças internas e sirva de atractivo à fixação de capitais externos nos vários sectores da economia nacional.

A criação de apenas três regimes de incentivos tendo em conta o montante de capital a aplicar vai ao encontro dessa preocupação de oferecer um sistema expedito e fiável aos potenciais investidores, garantindo um custo administrativo mínimo na aprovação dos seus projectos de investimento.

Por outro lado, estabelece-se um tratamento uniforme do capital investido, quer ele seja de origem nacional, quer estrangeira, garantido-se a aplicação de regras e critérios idênticos na oportunidade de acesso ao investimento, sem prejuízo da ressalva expressa no que concerne às especificidades próprias que envolvem o regime cambial aplicável à remuneração do capital estrangeiro.

De igual modo se estabelece a possibilidade de acesso a linhas de crédito especial para o investimento, sendo certo que a concessão deste sempre terá que ser aferida tendo em conta quer as capacidades dos fundos disponíveis para tal efeito, quer a prioridade real do investimento para além da oportunidade de intervenção por parte das instituições públicas no mercado de capitais.

A existência de um serviço especialmente vocacionado à análise e tramitação do investimento, como é o caso da direcção de Planificação Económica (DPE), na esfera de acção do Ministério da Economia e Finanças, aconselhou fosse cometido àquele organismo o processamento dos projectos de investimento apresentados, desenvolvendo as acções de recepção, instrução, registo, análise, acompanhamento e fiscalização necessárias ao êxito desta medida.

Neste termos,

A Assembleia Nacional, no uso da faculdade que lhe é conferida pelas alíneas g) e h), do artigo 87.º da Constituição, adopta a seguinte Lei:

ARTIGO 1.º

É aprovado o Código de Investimentos, que se publica em anexo a esta Lei.

ARTIGO 2.º

Farão parte integrante do Código de Investimentos os Anexos I e II, cujos modelos poderão ser adaptados ou alterados pelo Governo.

ARTIGO 3.º

Quaisquer dúvidas e omissões decorrentes da aplicação do Código de Investimentos serão resolvidas pelo Governo.

ARTIGO 4.º

A presente Lei entra imediatamente em vigor.

Assembleia Nacional em S. Tomé, aos 25 de Agosto de 1992. – O Presidente da Assembleia Nacional, *Leonel Mário D'Alva*

Promulgado em 7 de Outubro de 1992.

Publique-se.

O Presidente da República, *MIGUEL ANJOS DA CUNHA LISBOA TROVOADA.*

CÓDIGO DE INVESTIMENTOS

CAPÍTULO I
Disposições gerais

ARTIGO 1.º
(Objectivo)

O Código de Investimentos tem por objectivo definir os termos, condições, modalidades e garantias aplicáveis aos investimentos de capital nacional, estrangeiro ou misto na República Democrática de S. Tomé e Príncipe.

ARTIGO 2.º
(Princípios Gerais)

O regime instituído pelo presente código tem como pressuposto essencial o princípio da igualdade perante a lei, elegendo como princípios gerais o livre exercício da actividade empresarial segundo os termos da lei, o respeito pela livre concorrência, a não discriminação na concessão dos benefícios previstos bem como o reconhecimento da iniciativa privada como factor de desenvolvimento da economia nacional.

ARTIGO 3.º
(Definições)

Para efeitos deste Código, define-se:

1. Investimento – toda a mobilização harmónica de recursos financeiros, humanos e tecnológicos destinada a criar ou ampliar actividades produtivas.

2. Capital – conjunto dos factores de produção que integram, designadamente, meios materiais, tecnológicos e financeiros, expressos em unidades monetárias destinados à consecução dos objectivos dos projectos, podendo ser:

a) nacional – quando expresso em moeda nacional e pertença integralmente a pessoa ou pessoas físicas ou jurídicas residentes, domiciliadas ou com sede em território nacional;
b) estrangeiro – quando expresso em divisas e entrado no País através de operação cambial apropriada;
c) misto – quando resulte da associação de capitais nacionais e estrangeiros.

3. Promotor de projecto – pessoa física ou jurídica que apresente um projecto de investimento e requer o seu enquadramento num dos regime previstos neste código.

4. Incentivo – medida de carácter excepcional, instituída para tutela do interesse público, destinada a atrair ou incentivar a aplicação de capitais no quadro do processo de reestruturação e modernização do tecido empresarial e da estratégia de desenvolvimento.

5. Transferência de tecnologia:

a) contratos que tenham por objecto a cessão ou licença de uso de patentes, marcas, desenhos ou inventos, bem como a transferência de outros conhecimentos não patenteados;
b) contratos de prestação de assistência técnica à gestão de empresas e à produção ou à comercialização de quaisquer bens ou serviços que prevejam, nomeadamente, despesas com consultas ou deslocações de peritos e com formação de pessoal nacional diverso;
c) contratos com empresas especializadas para a construção ou manutenção das unidades industriais, vias de comunicação, pontes e portos;
d) demais tipos de assistência técnica essencial ao desenvolvimento do projecto, conforme os conceitos actuais de tecnologia.

6. Plano de importação – relação semestral dos bens e equipamentos a serem importados para afectação ao projecto, discriminando as quantidades, características técnicas, origem, valor e destino final.

7. Período de instalação – lapso de tempo considerado necessário, pela Direcção de Planificação Económica (DPE) para instalação do projecto, de acordo com a sua especificidade sectorial e nos termos do artigo 18.º.

8. Balança Cambial – considera-se balança cambial da entidade promotora o conjunto de receitas e despesas relativas ao projecto e a seguir indicadas:

a) Receitas cambiais:

i) o valor das exportações FOB;

ii) o valor das vendas no mercado interno, em substituição das importações desde que o preço dos produtos seja competitivo internamente e que em virtude do financiamento do projecto, não se tornou necessário realizar.

b) Despesas cambiais:

i) o montante pago em divisas a pessoal estrangeiro ao serviço da entidade;

ii) o pagamento ao exterior por licenças de fabrico, patentes, marcas, assistência técnica e outros valores referentes a tecnologia;

iii) o valor CIF das importações directas de matérias primas, produtos intermédios e outros bens afectos ao projecto;

iv) os juros e demais encargos com empréstimos contraídos no exterior para financiamento do projecto;

v) o valor das amortizações dos bens de equipamento objecto de importação.

CAPÍTULO II
Do investimento e incentivos

SECÇÃO I

ARTIGO 4.º
Do regime de incentivos

São criados os seguintes regimes de incentivos ao investimento:
a) regime simplificado;
b) regime geral;
c) regime contratual.

SECÇÃO II
Do regime simplificado

ARTIGO 5.º
Caracterização do regime

Enquadrar-se-á no regime simplificado o investimento definido nos termos do número 1 do artigo 3.º, cujo montante global, por projecto, não seja superior ao valor em dobras equivalente a USD 100 000.

ARTIGO 6.º
Incentivos

Os investimentos cujos projectos se enquadrem neste regime poderão beneficiar dos seguintes incentivos:

1. De natureza fiscal:
a) redução em 50% da taxa da sisa devida pela aquisição ou constituição de direitos de propriedade sobre prédios rústicos ou urbanos integrados no projecto de investimento, desde que estes se destinem única e exclusivamente ao exercício da actividade respectiva, designadamente instalações comerciais e industriais, serviços administrativos e sociais conexos;
b) redução em 50% da taxa de imposto sobre rendimento nos cinco primeiros anos de vida do projecto, incluído o ano de arranque;
c) isenção de todas as imposições aduaneiras devidas pela importação de bens de equipamento, destinados à realização do projecto, desde que tenham sido observadas as disposições constantes deste diploma sobre o período de instalação.

2. Da natureza financeira: acesso a linhas especiais de crédito, nos termos a definir pela instituição bancária competente, até ao limite máximo de setenta por cento do valor global do investimento.

3. Outros: cedência de exploração de prédios rústicos ou urbanos que sejam propriedade do Estado e se mostrem adequados à realização do projecto, pelo período de duração deste, desde que não comportem consequências prejudiciais de carácter social ou ecológico.

ARTIGO 7.º
Condições de acesso

1. As entidades promotoras de projectos de investimento podem beneficiar dos incentivos previstos nesta secção desde que:
a) disponham de, pelo menos trinta por cento de capital próprio;
b) disponham ou adoptem contabilidade regularmente organizada;
c) demonstrem possuir uma situação de viabilidade económica e financeira estável ou susceptível de ser conseguida com a realização do projecto.
d) apresentem certidão negativa de dívidas ao Estado e à Segurança Social.

2. Para além das condições presentes no número anterior, exige-se ainda que o estudo de viabilidade do projecto demonstre que:
a) contribui para a criação de postos de trabalho de carácter permanente e seja direccionado à ocupação de mão-de-obra nacional.
b) não tenha sido iniciado o projecto no momento da candidatura, exceptuados os actos de aquisição de prédios destinados à instalação do projecto.

SECÇÃO III
Do regime geral

ARTIGO 8.º
Caracterização do regime

Enquadra-se no regime geral o investimento definido nos termos do número 1 do artigo 3.º cujo montante global por projecto, seja superior ao valor em dobras equivalente a USD 100 000 e não exceda USD 1 000 000.

ARTIGO 9.º
Incentivos

Os investimentos cujos projectos se enquadrem neste regime poderão beneficiar dos seguintes incentivos:

1. De natureza fiscal:

a) redução em 75% da taxa de sisa devida pela aquisição ou constituição de direitos de propriedade no projecto de investimento, desde que esta se destine única e exclusivamente ao exercício da actividade respectiva, designadamente, instalações comerciais e industriais, serviços administrativos e sociais conexos;

b) redução em 50% da taxa de imposto sobre rendimento nos primeiros sete anos de vida do projecto, incluindo o ano de arranque;

c) isenção de todas as imposições aduaneiras devidas pela importação de bens de equipamento destinados à implementação e realização do projecto, desde que tenham sido observadas as disposições constantes deste diploma sobre o plano de importação respectivo;

d) serão passíveis de amortização, num período de 3 (três) anos os gastos suportados com a formação e aperfeiçoamento profissional de pessoal nacional afecto a tarefas relacionadas com o projecto de investimento.

2. De natureza financeira: acesso a linhas especiais de crédito a determinar pela entidade competente, até ao limite de 50% do valor global do investimento.

3. Outros: cedência de exploração de prédios que sejam propriedade do Estado e se mostrem adequados a realização do projecto pelo período de duração deste, desde que não comportem consequências prejudiciais de carácter social ou ecológico.

ARTIGO 10.º
Condições de acesso

1. As entidades promotoras de projectos de investimento podem beneficiar dos incentivos previstos nesta Secção desde que:

a) disponham de, pelo menos, cinquenta por cento de capital próprio;
b) disponham ou adoptem contabilidade regularmente organizada;
c) demonstrem possuir uma situação de viabilidade económica e financeira presente ou susceptível de ser conseguida com a realização do projecto;
d) apresentem certidão negativa de dívidas ao Estado e à Segurança Social, quando a constituição da entidade promotora do projecto tenha tido lugar há mais de 90 dias contados da data da apresentação do referido projecto;
e) não tenha sido iniciado o projecto no momento da candidatura, exceptuados os actos de aquisição de prédios destinados à instalação do projecto.

2. As condições de acesso impostas pelo presente artigo não exoneram as entidades promotoras do cumprimento dos requisitos de forma e substância impostos pela legislação em vigor para os actos, contratos e demais diligências a efectuar no âmbito dos projectos.

SECÇÃO IV
Do regime contratual

ARTIGO 11.º
Caracterização de regime

1. Enquadrar-se-á no regime contratual o investimento definido nos termos do número 1 do artigo 3.º cujo montante global, por projecto seja superior ao valor em dobras equivalente a USD 1 000 000.

2. Ao regime contratual podem candidatar-se as pessoas físicas ou jurídicas promotoras de projectos que, respeitando o limite esta-

belecido no número anterior, apresentem projectos relevantes na prossecução dos objectivos de desenvolvimento económico e social.

ARTIGO 12.º
Incentivos

Os investimentos cujos projectos se enquadrem neste regime poderão beneficiar dos seguintes incentivos:

1. De natureza fiscal: todos os incentivos previstos para o regime geral, podendo o Governo estabelecer, por contrato, prazos ou taxas superiores às fixadas para aquele regime geral sempre que o projecto de investimento se revista de excepcional interesse para a economia nacional.

2. De natureza financeira: acesso a linhas especiais de crédito interno para o financiamento do projecto até ao limite de 25% do montante global do investimento.

3. Outros: todos os incentivos previstos para o regime geral, estabelecendo-se, porém, o limite para os benefícios associados aos gastos efectuados com a formação e o aperfeiçoamento profissional dos empregados nacionais.

4. Nenhum benefício ou incentivo a conceder no âmbito deste regime poderá ser reivindicado se não constar do respectivo contrato administrativo.

ARTIGO 13.º
Condições de acesso

1. As entidades promotoras de projectos de investimento podem beneficiar dos incentivos previstos nesta secção desde que, além dos requisitos exigidos para o regime geral, cumulativamente observem os seguintes condicionalismos:

a) apresentem um relatório que contemple a análise da implicação macro-económica bem como outros indicadores económico-financeiros, tradicionalmente utilizados na análise de projectos;

b) apresentem um projecto de contrato administrativo, a submeter à apreciação da entidade competente, onde se fixam os objectivos, as metas, as obrigações e as garantias do projecto, e se enunciem os benefícios pretendidos.

2. [1] As entidades promotoras deverão ainda indicar o foro competente para a solução de conflitos, sendo permitida a junção de pareceres técnicos de origem nacional ou estrangeira a fornecer e suportar pela parte que invoque a sua necessidade.

CAPÍTULO III
Do projecto de candidatura e concessão

SECÇÃO I
Do processo de candidatura

ARTIGO 14.º
Formas do processo

1. A candidatura à concessão dos incentivos ao investimento pode assumir a forma de processo de consulta prévia ou processo de candidatura propriamente dita, e depende da iniciativa dos interessados.

2. Os processos referidos no número anterior são de natureza administrativa, isentos de custos ou emolumentos, obedecendo a sua tramitação aos critérios de simplicidade, celeridade e economia processuais.

ARTIGO 15.º
Da consulta prévia

1. Antes de verificados os pressupostos do investimento previstos neste diploma, podem os interessados requerer ao Ministro de Economia e Finanças, que se pronuncie sobre uma dada situação de investimento ainda não concretizada.

---

[1] No original este número 2. surge como alínea c).

2. O despacho que recair sobre o requerimento formulado nos termos do número anterior será notificado ao interessado, vinculando os serviços que, verificados os factos previstos na lei, não poderão proceder por forma diversa, salvo em cumprimento de decisão judicial.

3. O despacho a que se refere o número anterior não é susceptível de reclamação ou recurso e não dispensa os interessados do cumprimento das formalidades previstas na secção seguinte ([1]) para concessão dos incentivos previstos neste código.

4. O despacho referido nos números anteriores deverá ser proferido no prazo máximo de 45 dias contados a partir da data de apresentação do processo à autoridade competente.

5. O despacho que defere o requerimento referido no número 2, caducará no prazo de 90 dias, contados a partir da data da notificação, se entretanto o requerente não cumprir as formalidades previstas na secção seguinte.

6. Logo que seja apresentado o projecto de investimento que tenha sido precedido de processo de consulta prévia, este será apensado, ao requerimento do interessado, devendo a entidade competente conformar-se com o anterior despacho enquanto a situação hipotética objecto da consulta prévia coincida com a situação de facto descrita no projecto apresentado.

ARTIGO 16.º
Candidatura

1. O processo de candidatura será apresentado em seis exemplares, na Direcção de Planificação Económica (DPE) do Ministério da Economia e Finanças, e deverá conter os seguintes elementos:

a) projecto de investimento;

([1]) Apesar desta menção, no original não existe a secção II.

b) formulário e mapas constantes do Anexo I a este diploma;
c) avaliação técnico-económica adequada do projecto, quando exigida, conforme ao Anexo II;
d) plano de importação de bens a afectar ao projecto;
e) quaisquer outros estudos directamente ligados à realização do projecto;
f) documentos comprovativos do cumprimento das condições de acesso específicas de cada regime.

2. A entidade referida no número anterior poderá solicitar aos promotores do projecto de investimentos esclarecimentos complementares, que deverão ser fornecidos em prazo a fixar até ao máximo de sessenta dias.

3. O não cumprimento do estabelecido no número anterior implica a desistência da candidatura, salvo quando devidamente justificada e aceite pela entidade competente.

ARTIGO 17.º
Apreciação e decisão

1. A DPE, após recepção do processo, enviará simultaneamente, cópias completas, ao Ministério que tutela o sector de actividade onde se insere o projecto, à Direcção das Finanças, à Direcção das Alfândegas bem como ao Banco Central de S. Tomé e Príncipe, quando seja caso disso.

2. Os serviços referidos no número anterior emitirão parecer, em prazo máximo de 20 dias contados da recepção da cópia do projecto, no que respeita às matérias da sua competência.

3. Recolhidos os pareceres, a DPE submeterá o processo devidamente instruído à apreciação e despacho do Ministro da Economia e Finanças.

4. O despacho que decida sobre o pedido de concessão de incentivos deverá conter, para além da suficiente identificação do requerente, os seguintes elementos:

a) natureza e data de início e termo de cada incentivo concedido;
b) quantificação exacta dos benefícios concedidos, em termos numéricos ou percentuais;
c) indicação da susceptibilidade de recurso, no respectivo prazo e órgão competente para a sua apreciação;
d) fundamentos de facto e de direito que determinaram a concessão ou recusa de aplicação do regime de incentivos solicitados.

5. Nos processos em que tenha havido consulta prévia, nos termos do artigo 15.º, o silêncio da administração nos 30 dias seguintes à recepção do processo equivale para todos os efeitos à aprovação do mesmo.

6. A não execução do projecto de investimento no prazo previsto nos respectivos estudos de avaliação técnico-económica, salvo razões justificativas e aceites pela administração, faz caducar o contrato celebrado assim como as autorizações concedidas para efeito de implementação do projecto.

7. Na celebração do contrato em que se estabeleçam incentivos, nos termos do artigo 11.º ([1]) serão observados os requisitos enunciados no número 4 devendo, ainda, serem discriminadas as condições especiais ou penalidades a aplicar em cada contrato.

ARTIGO 18.º
Avaliação técnico-económica

1. Cada projecto de investimento será objecto de avaliação de carácter técnico-económica, a elaborar de acordo com as especificações constantes do Esquema Referencial anexo ao presente diploma, e versando nomeadamente os seguintes aspectos:
a) análise dos objectivos e características do projecto;
b) estudo de mercado;
c) análise da viabilidade económica e financeira do projecto.

([1]) No original vem mencionado art. 11.º, mas deverá ser 12.º.

2. Para efeitos da análise prevista na alínea c) do número anterior, ter-se-ão em conta, dentre outros, os seguintes factores:

a) manutenção e/ou criação de novos postos de trabalho;
b) saldo positivo, em divisas, que contribua para o equilíbrio da balança de pagamentos externos;
c) valorização de recursos nacionais, nomeadamente pela sua transformação ou incorporação em produtos;
d) utilização de bens e serviços nacionais;
e) grau de incremento do valor acrescentado nacional e diversificação geográfico-económica;
f) montante previsto de recurso ao crédito para financiamento da formação do capital da empresa;
g) planos de formação profissional de trabalhadores nacionais;
h) impacto ecológico.

3. Para além das condições presentes no número anterior, exige-se ainda que o estudo de viabilidade do projecto, demonstre que o mesmo contribui para a maior absorção de recursos humanos nacionais no contexto do aumento do nível de emprego.

ARTIGO 19.º
Autorização e registo

1. A autorização do projecto de investimento será sempre formalmente comunicada à entidade promotora, devendo a DPE organizar um registo de projectos autorizados, de acordo com a origem de capital utilizado para o seu financiamento nos termos das alíneas seguintes:

a) capital nacional;
b) capital estrangeiro;
c) capital misto.

2. Dos projectos referidos nas alíneas b) e c) do número anterior, sendo esta última na parte a que se refere ao capital estrangeiro, será elaborado um registo no Banco Central de S. Tomé e Príncipe, visando o controlo da balança cambial da entidade promotora do projecto.

CAPÍTULO IV
Do Capital Estrangeiro

ARTIGO 20.º
Admissibilidade

É permitido a entrada de capital estrangeiro em todas as áreas de actividade económica nacional permitida por lei aos particulares, sem discriminação de qualquer espécie, observando-se as disposições constantes dos artigos seguintes.

ARTIGO 21.º
Regime

Considera-se capital estrangeiro aquele cujo montante global investido no projecto de investimento seja integrado unicamente por capitais estrangeiros, entendidos estes segundo o conceito definido na alínea b) do número 2 do artigo 3.º deste Código.

ARTIGO 22.º
Caracterização

O regime a que deve submeter-se o investimento do capital estrangeiro no território nacional será, em todos os casos o previsto na Secção IV do capítulo II deste diploma, independentemente do montante do investimento.

ARTIGO 23.º
Incentivos

Os incentivos a conceder ao investimento estrangeiro serão os previstos no artigo 12.º, a que acrescerão os seguintes:

a) isenção de imposto sobre rendimento na parte dos lucros depois de impostos que, havendo sido objecto de autorização de transferência para o exterior, sejam mantidos como reserva da empresa;
b) direito de transferência para o exterior de lucros depois de impostos, até uma percentagem em cada exercício, de 15%

do montante do investimento estrangeiro determinado nos termos do artigo 21.º, e desde que tenham sido respeitadas as limitações estabelecidas quanto ao saldo da balança cambial de entidade promotora do projecto.

c) isenção de imposto sobre operações bancárias relativamente à entrada do capital estrangeiro destinado a integrar o projecto.

ARTIGO 24.º
Localização das operações cambiais

As operações cambiais respeitantes a projectos de investimento estrangeiro serão sempre efectuadas por intermédio de instituição bancária sediada em território nacional, conforme a lei vigente e de acordo com as orientações emanadas da autoridade bancária competente.

ARTIGO 25.º
Acordos internacionais

As garantias concedidas ao investimento de capital estrangeiro, nos termos deste código, são asseguradas sem prejuízo de outras que resultem de acordos celebrados entre o Estado Santomense e outros Estados e Organizações Internacionais.

ARTIGO 26.º
Investimento misto

1. Aplica-se aos projectos de investimento de capital misto, definidos nos termos da alínea c) do número 2 do artigo 3.º, na parte correspondente ao capital estrangeiro, as regras e incentivos previstos neste capítulo.

2. O regime de tramitação dos processos de candidatura e concessão dos projectos de investimento de capital misto, será o previsto no artigo 22.º deste código.

CAPÍTULO V
Do reinvestimento

ARTIGO 27.º
Definição

Para efeitos deste código considera-se reinvestimento a aplicação, no todo ou em parte, dos lucros líquidos obtidos no exercício, depois de impostos, na expansão, diversificação ou modernização da capacidade instalada.

ARTIGO 28.º
Regime de incentivos

Serão aplicáveis aos capitais reinvestidos os benefícios previstos nas alíneas seguintes:

a) dedução à matéria colectável de um montante igual a trinta por cento do valor dos lucros reinvestidos no exercício, até ao terceiro exercício seguinte ao do reinvestimento:

b) acumulação de direito de transferência, para o estrangeiro, do valor reinvestido, com os limites estabelecidos na aliena b) do artigo 23.º deste código.

CAPÍTULO VI
Disposições comuns, finais e transitórias

ARTIGO 29.º
Obrigações

1. As entidades promotoras de projectos de investimento realizados ao abrigo deste código, estão sujeitas ao cumprimento do que nele e demais legislação se prescreve, assim como ao estrito cumprimento dos termos exarados nos contratos e despachos de concessão de incentivos.

2. A não observância do disposto no número anterior dará lugar à revogação dos despachos de concessão dos incentivos ou à rescisão unilateral dos contratos, incorrendo as entidades promotoras

na obrigação de entrega aos Cofres do Estado de todas as importâncias que em virtude dos incentivos concedidos deixaram de ser liquidadas.

3. Exceptuam-se do disposto no número anterior os casos em que, por alteração substancial das condições de investimento, a requerimento da entidade promotora e com a anuência do Estado Santomense, seja acordada a renegociação do contrato.

4. Para efeitos da análise de viabilidade económico-financeira e do impacto macro-económico do projecto a Direcção de Planificação Económica fará publicar directivas de observância obrigatória.

ARTIGO 30.º
Acompanhamento e fiscalização

1. As entidades promotoras que venham a beneficiar dos incentivos previstos neste código, ficam sujeitas à verificação e controlo de realização dos investimentos projectados.

2. Competirá à DPE acompanhar e fiscalizar a realização dos projectos de investimento podendo, para o efeito solicitar a colaboração de todos os serviços públicos, que lha prestarão em regime de prioridade.

3. Quando os projectos a fiscalizar envolvam conhecimentos técnicos especializados na determinação do seu grau de realização, pode aquela Direcção de Planificação contratar auditorias especializadas, obtido o parecer favorável do Ministério da tutela e sob despacho do Ministro da Economia e Finanças.

ARTIGO 31.º
Acumulação de incentivos

Os incentivos previstos neste diploma são acumuláveis com quaisquer outros de natureza financeira que venham a ser criados em legislação especial.

ARTIGO 32.º
Actividade petrolífera e extractiva

As disposições do presente código não são aplicáveis aos projectos de investimento realizados nas áreas de pesquisa e produção de hidrocarbonetos e outras indústrias extractivas, que se subordinarão a regulamento especial.

ARTIGO 33.º
Alienação de bens afectos ao projecto

1. Sempre que sejam alienados os bens importados no âmbito do projecto de investimento com isenção de direitos aduaneiros, a entidade promotora fica obrigada a requerer na Direcção das Alfândegas a liquidação das imposições que sejam devidas no momento da alienação, tomando-se por base de tributação o valor actual dos bens.

2. O regime previsto no número 1 aplicar-se-á quando aqueles bens sejam afectados a actividades diversas ou lhes seja dado destino diferente do previsto no projecto de investimento.

3. Quando a alienação ou afectação previstas nos números anteriores tiver por finalidade a integração dos bens importados em projecto de investimento diferente, ser-lhe-á aplicado o regime próprio do projecto a que se destinam, procedendo os serviços das Alfândegas às correcções devidas e necessárias.

4. A aplicação do disposto no número anterior depende de requerimento a apresentar pela entidade adquirente ou alienante, donde conste a descrição técnica dos bens a ceder, a sua afectação actual e a de destino, o valor atribuído e a identificação dos projectos alienante e adquirente.

5. A transgressão às disposições de natureza aduaneira presentes neste diploma, será punida nos termos do contencioso aduaneiro em vigor e ao caso aplicável.

ARTIGO 34.º
Cessação de benefício restituição

1. As entidades promotoras de projectos de investimento, titulares de benefícios resultantes de incentivos de natureza tributária, são obrigados a comunicar à DPE, no prazo de 30 dias, a cessação da situação de facto ou de direito em que se baseava o benefício, excepto quando esta deva ser de conhecimento oficioso.

2. A cessação referida no número 1 tem por consequência a reposição automática da tributação-regra, devendo os serviços competentes, após comunicação da DPE, proceder às liquidações a que houver lugar, processando-se como receita eventual para efeitos de contencioso tributário.

ARTIGO 35.º
Norma revogatória

1. É revogado o Decreto-Lei n.º 14/86, de 10 de Abril, e demais legislação complementar.

2. Os incentivos concedidos ao abrigo do Código revogado pelo número anterior manter-se-ão inalterados até à sua extinção, não podendo acumular os benefícios já acordados ao abrigo daquele decreto-lei com outros previstos neste código.

3. As entidades que beneficiem do anterior regime de incentivos ao investimento podem optar pela aplicação do regime instituído neste código devendo, para o efeito, apresentar candidatura adequada nos termos da secção I do capítulo III.

CÓDIGO DE INVESTIMENTOS

Esquema referencial para apresentação de projectos de investimento privado

O esquema de apresentação para projectos de investimentos, a seguir explicitado, não pretende estabelecer uma norma única mas objectiva, fundamentalmente, assegurar um roteiro que garanta a organização das informações imprescindíveis às análises de conteúdo, de coerência, de consistência e, sobretudo, a avaliação económico-financeira e social.

É evidente que este esquema, de carácter geral, terá de adaptar--se, em cada caso, às características do projecto e as circunstâncias de estudo:

ESQUEMA

1 – CARACTERIZAÇÃO DO PROMOTOR:
- Identificação;
- vocação empresarial;
- curriculum vitae dos dirigentes;
- outras informações julgadas relevantes;

2 – OBJECTIVOS:
- Tipo de Projecto (criação, expansão, reconversão ou modernização de unidade produtiva);
- caracterização dos bens e serviços a serem produzidos;
- sector; ramo de actividade;
- capacidade e tecnologia de produção;

3 – ESTUDO DE MERCADO:
- Uso e especificações do bem ou serviço;
- tipo e peculiaridades dos consumidores;
- distribuição geográfica e natureza competitiva do mercado;
- métodos de comercialização;
- fontes actuais de abastecimento do mercado e mecanismos de distribuição;
- demanda total actual e projectada;
- selecção e justificativa do método utilizado;
- preços unitários de venda para os produtos;

4 – TAMANHO E LOCALIZAÇÃO

Capacidade instalada proposta considerando:
- mercado, localização e distribuição geográfica da procura;

– técnicas de produção e custos de distribuição;
– financiamento e adaptabilidade a instalação por etapas;

Localização:
– minimização de custos de transportes.
– disponibilidade e custo dos recursos: matérias primas, mão-de-obra, combustíveis, energia, etc.
– outros aspectos relacionados com a localização: descentralização, facilidades de escoamento, clima, etc.

5 – ENGENHARIA DO PROJECTO:
– Descrição do processo de produção;
– coeficientes técnicos do processo;
– custos de produção;
– especificação geral dos equipamentos, de obras e de funcionamento;
– construções e sua distribuição no terreno;
– lay-out dos equipamentos;
– instalações complementares;
– flexibilidade na capacidade de produção (produção de outros bens, de adaptação de volume e ritmo de trabalho;
– planeamento e Execução (cronograma);
– impacto Ambiental;

6 – INVESTIMENTOS:
– Composição, volume e financiamento;
– activo Fixo e Capital de Giro;
– cronograma de realização;
– vida Útil;
– método de Depreciação;

7 – ORÇAMENTO DE RECEITAS E DESPESAS:
Orçamento anualizado, a preços constantes:

DESPESA (mercado interno e externo):

– mão-de-obra, matérias primas e outros materiais secundários, materiais diversos, gastos de funcionamento e manutenção, combustíveis e energia, depreciação, custo de comercialização, impostos e taxas, juros ... etc.

RECEITA (mercado interno e externo):

– quantidades programadas de vendas, preços de venda;
– receitas não operacionais;

8 – BALANÇA CAMBIAL:
Entrada de Divisas:
– receitas em divisas;
– substituição de importações;
– capital social origem externa;
– empréstimos externos;

Saída de Divisas:
– valor matérias-primas importadas;
– equipamentos importados;
– salários em divisas;
– juros empréstimos externos;
– amortização empréstimos externos;
– salários e contratos em divisas;
– outras saídas;

9 – AVALIAÇÃO ECONÓMICA E SOCIAL:
Económica:
– taxa interna de retorno;
 * do capital total comprometido pelo projecto;
 * do capital próprio dos promotores;
– tempo de recuperação do Capital;
– valor actual líquido;
– velocidade de rotação do Capital;
– análise de risco e incerteza;

Social:
– relação custo/benefício;
– postos de trabalho criados:
 * directos;
 * indirectos;

Outros Indicadores:
– aumento renda nacional;
– volume de impostos gerados;
– efeitos multiplicadores;
– prioridades nacionais;

10 – ORGANIZAÇÃO, ASPECTOS LEGAIS, ADMINISTRATIVOS E INSTITUCIONAIS
– Tipo e constituição jurídica do empreendimento;
– composição do capital social (Nacional/Estrangeiro);
– instrumentos de constituição;
– estrutura de direcção;

ÍNDICE

Impressão e acabamento
da
CASAGRAF - Artes Gráficas Unipessoal, Lda.
para
EDIÇÕES 70, LDA.
Fevereiro de 2003